Ho capito!

Typische Italienisch-Fehler sicher vermeiden

Anna Bristot

Bisher sind in dieser Reihe erschienen:

- Ho capito! Typische Italienisch-Fehler sicher vermeiden
- Ich hab's kapiert! Typische Deutsch-Fehler sicher vermeiden
- I got it! Typische Englisch-Fehler sicher vermeiden
- J'ai compris ! Typische Französisch-Fehler sicher vermeiden
- ¡Ya lo tengo! Typische Spanisch-Fehler sicher vermeiden

Baierbrunner Straße 27, 81379 München
Ausgabe 2018

Redaktion: Isabella Bergmann
Fachkorrektur: Valerio Vial
Produktion: Ute Hausleiter
Titelabbildung: shutterstock/Anna Timoshenko
Illustrationen: Florian Heubach
Gestaltung: seitenwind GmbH – Design und Kommunikation,
Regensburg; textum GmbH
Umschlaggestaltung: red.sign GbR, Stuttgart

ISBN 978-3-8174-1933-3
381741933/1

www.compactverlag.de

Inhaltsverzeichnis

Inhalt

Ho capito! Typische Italienisch-Fehler sicher vermeiden

Das Lernen einer Fremdsprache geht mal leichter, mal schwerer voran ... Das ist ganz normal. Wer schafft es schon, immer alle Regeln, Sonderregeln und Ausnahmen im Kopf zu behalten? Dieses Buch hilft Ihnen dabei, Zweifelsfälle und Unsicherheiten in Wortschatz, Grammatik, Aussprache und Rechtschreibung ein für alle Mal abzulegen und so die häufigsten Italienisch-Fehler sicher zu vermeiden.

Die übersichtliche Gliederung in die Themengebiete Wortschatz, Grammatik sowie Aussprache und Rechtschreibung macht es Ihnen leicht, sich ganz gezielt die Themen herauszusuchen, die Ihnen noch Schwierigkeiten machen. Die wichtigsten Fehlerquellen werden prägnant dargestellt und die häufigsten Schwierigkeiten in aller Klarheit erläutert. Infokästen und Lerntipps bieten interessantes Zusatzwissen und durch zahlreiche unterhaltsame Illustrationen prägen sich wichtige Regeln bildlich ein.

Am Ende jedes Unterkapitels finden Sie Übungen zum jeweils vorangehenden Thema. Zusätzliche Zwischentests im Anschluss an jeden der drei Themenbereiche bieten weitere Gelegenheit zur Überprüfung des Gelernten. Ob Sie nun die typischen Fehler endlich sicher vermeiden können, sehen Sie beim großen Abschlusstest am Ende des Buches.

Viel Spaß und Erfolg beim Italienischlernen!

1. Wortschatz

1.1 Falsche Freunde

Wenn Sie auf der Speisekarte in Italien das Wort **cozze** lesen, dann erschrecken Sie nicht: Es handelt sich um leckere Miesmuscheln. Sie haben mit der gleich ausgesprochenen *Kotze* nichts zu tun.
Falsche Freunde – auf Italienisch **falsi amici** – sind Wörter, die in beiden Sprachen vorkommen und sich sehr ähneln. So sehr, dass man sich leicht irreführen lässt. Um Missverständnisse zu vermeiden, achten Sie auf die feinen Unterschiede!

Falsche Freunde – die wichtigsten Substantive:

affare	= *Geschäft (COM.)*	≠ **Affäre**	= *relazione (amorosa)*
affetto	= *Zuneigung*	≠ **Affekt**	= auch: *eccitazione*
arte	= *Kunst*	≠ **Art**	= *modo*
artista	= *Künstler*	≠ **Artist**	= *acrobata*
autista	= *Chauffeur, (Auto-)Fahrer*	≠ **Autist**	= *autistico*
avvocato	= *Rechtsanwalt*	≠ **Avocado**	= *avocado (BOT.)*
brutto	= *hässlich*	≠ **brutto**	= *lordo*
camera	= *Zimmer*	≠ **Kamera**	= *macchina fotografica*
cantina	= *Keller*	≠ **Kantine**	= *mensa*
casino	= *Bordell; Durcheinander*	≠ **Kasino**	= *casinò*
circolo	= *Kreis, Verein*	≠ **Zirkel**	= *compasso*
costume	= *Badeanzug, Maskenkostüm*	≠ **Kostüm**	= *tailleur*
cozze	= *Miesmuscheln*	≠ **Kotze**	= *vomito*
ente	= *Amt*	≠ **Ente**	= *anatra*
fetta	= *Scheibe, Stück*	≠ **fett**	= *grasso*

firma	= *Unterschrift*	≠ **Firma**	= *ditta*
importo	= *Summe*	≠ **Import**	= *importazione*
latte	= *Milch*	≠ **Latte**	= *stanga, asta*

La lingua bedeutet sowohl *die Zunge* als auch *die Sprache*.

mappa	= *Landkarte*	≠ **Mappe**	= *cartellina, raccoglitore*
notizia	= *Nachricht*	≠ **Notiz**	= *appunto*
patente	= *Führerschein*	≠ **Patent**	= *brevetto*
prima	= *früher, vorher*	≠ **prima**	= *fantastico*
regalo	= *Geschenk*	≠ **Regal**	= *scaffale*
sacco	= *Sack*	≠ **Sakko**	= *giacca da uomo*
saldi	= *Schlussverkauf*	≠ **Saldo**	= *saldo*
statista	= *Staatsmann*	≠ **Statist**	= *comparsa*
stipendio	= *Gehalt*	≠ **Stipendium**	= *borsa di studio*
tappeto	= *Teppich*	≠ **Tapete**	= *tappezzeria*
tempo	= *Zeit, Wetter*	≠ **Tempo**	= *velocità*
termine	= *Frist; Wort*	≠ **Termin**	= *appuntamento*
testo	= *Text*	≠ **Test**	= *test*
tonno	= *Thunfisch*	≠ **Tonne**	= *tonnellata*

Falsche Freunde – die wichtigsten Adjektive:

alto	= *groß*	≠ **alt**	= *vecchio*
bravo	= *gut, tüchtig*	≠ **brav**	= *buono*
caldo	= *warm*	≠ **kalt**	= *freddo*
curioso	= auch: *neugierig*	≠ **kurios**	= *strano, bizzarro*
decente	= *schicklich, taktvoll*	≠ **dezent**	= *discreto*
grosso	= *dick*	≠ **groß**	= *grande, alto*
leggero	= *leicht*	≠ **leger**	= *disinvolto*
lussurioso	= *geil, unzüchtig*	≠ **luxuriös**	= *lussuoso*
molle	= *weich*	≠ **mollig**	= *grassottello*
morbido	= *weich*	≠ **morbid**	= *marcio*
ordinario	= *gewöhnlich*	≠ **ordinär**	= *volgare*
salato	= *salzig*	≠ **Salat**	= *insalata*

Falsche Freunde – die wichtigsten Verben:

assolvere	= *freisprechen*	≠ **absolvieren**	= *superare, finire*
imporre	= *aufzwingen*	≠ **imponieren**	= *impressionare, colpire*
planare	= *gleiten*	≠ **planen**	= *progettare*
promuovere	= *(be)fördern*	≠ **promovieren**	= *prendere/fare il dottorato*
pulire	= *sauber machen*	≠ **polieren**	= *lucidare*
puzzare	= *stinken*	≠ **putzen**	= *pulire*
spendere	= *ausgeben*	≠ **spenden**	= *donare/fare un'offerta*

Sprichwort

Wenn man Hinz und Kunz auf seine Hochzeit einlädt, dann heißt das **invitare cani e porci** (wortwörtlich: *Hunde und Schweine einladen*).

Falsche Freunde: Präfixe/Suffixe

Präfixe (Vorsilben) und Suffixe (Nachsilben) in den verschiedenen Sprachen sind oft nicht so, wie man es erwarten würde:

Präfixe (Vorsilbe)

de → it	*deutsch* → italienisch
des- → **dis-**	*desorganisiert* – **disorganizzato**
trans- → **tras-**	*transportieren* – **trasportare**
pro- → **per-**	*Prozent* – **per cento**
res- → **ri-**	*Respekt* – **rispetto**

Suffixe (Nachsilbe)

de → it	*deutsch* → italienisch
-sieren → **-izzare**	*analysieren* – **analizzare**
-ponieren → **-porre**	*deponieren* – **deporre**
-tion → **-zione**	*Nation* – **nazione**
-ell → **-ale**	*speziell* – **speciale**
-duzieren → **-durre**	*produzieren* – **produrre**
-dukt → **-dotto**	*Produkt* – **prodotto**
-ieren → **-ere**	*korrigieren* – **correggere**

1 Übersetzen Sie folgende Sätze!

1. Wo ist mein Führerschein?

....

2. Wir haben in der Kantine gegessen.

....

3. Heute ist es sehr kalt.

....

4. Die Firma ist ziemlich groß.

....

Wusstest Sie schon?

Wenn Sie in Italien das Wort **Po** hören oder lesen, handelt es sich mit Sicherheit nicht um das Gesäß, sondern um den längsten Fluss Italiens (652 km).

2 Unterstreichen Sie die richtige Variante!

1. Il camion trasporta / transporta la merce.

2. Il prodotto / produtto è formidabile.

3. È sempre molto desorganizzato / disorganizzato.

4. Il rispetto / respetto per la natura è importante.

3 Setzen Sie die passenden Verben in der richtigen Person im Präsens ein!

essere pulire spendere donare

1. Oggi (noi) .... tutta la casa.

2. (Lei) .... sempre tanti soldi per le scarpe.

3. Abbiamo fatto sport e ora .... stanchi.

4. Loro .... 2 euro via SMS.

4 Wie lautet das Gegenteil? Setzen Sie ein!

1. Se non è basso è ....

2. Se non è grasso è ....

3. Se non è bello è ....

4. Se non è pesante è ....

Wussten Sie schon?

Achtung! Nicht verwechseln:

leggero = *leicht (Gewicht)*

facile = *leicht (Schwierigkeitsgrad, Niveau)*

1.2 Häufig verwechselte Wörter

„Buongiorno, dottore!" heißt es in Italien, auch wenn man weder promoviert hat, noch ein Arzt ist. Sicher ist nur, dass man ein Studium erfolgreich abgeschlossen hat.

Bei einem „professore" braucht man nicht gleich an den akademischen Grad zu denken, denn in Italien werden auch die Lehrer an der Schule „professore" genannt.

Oft macht es den feinen Unterschied in der Bedeutung aus und der Inhalt einer Konversation kann leicht missverstanden werden.

amico/-a – *Freund(in) aus einer Freundschaft*

Paolo è un mio **amico**.
Paolo ist ein Freund von mir.

ragazzo/-a – *Freund(in) in einer Liebesbeziehung; junge(r) Mann/Frau*

Il **ragazzo** di Elena si chiama Marco.
Der (feste) Freund von Elena heißt Marco.

suonare – *ein Instrument spielen*

Suona il pianoforte da due anni.
Er spielt seit zwei Jahren Klavier.

giocare – *ein Spiel spielen*

Giorgio **gioca** a calcio una volta alla settimana.
Giorgio spielt ein Mal in der Woche Fußball.

vedere – *sehen*

Hai **visto** il mio telefonino?
Hast du mein Handy gesehen?

guardare – *ansehen, beobachten*

Guarda che bella foto!
Schau was für ein schönes Bild!

sentire – *hören*

Per favore, puoi alzare il volume? Non **sento**.
Kannst du bitte lauter stellen? Ich höre nichts.

ascoltare – *zuhören*

Ascoltiamo quello che dice il professore.
Hören wir zu, was der Lehrer sagt.

mettersi qualcosa – *sich etwas anziehen*

Che maglia **mi metto**?
Welches T-Shirt ziehe ich an?

vestirsi – *sich anziehen*

Mi vesto e vado a lavorare.
Ich ziehe mich an und gehe zur Arbeit.

visitare – *besichtigen, untersuchen* (MED.)

Domenica si può **visitare** il castello.
Am Sonntag kann man das Schloss besichtigen.

andare/venire a trovare qualcuno – *jemanden besuchen*

La domenica **andiamo a trovare** mia zia.
Sonntags besuchen wir meine Tante.

Wussten Sie schon?

Wenn Sie einen Italienischkurs besuchen wollen, dann sagt man auf Italienisch:
Vorrei **frequentare** *un corso.*

Häufig verwechselte Wörter

sapere – *wissen, können* (die Fähigkeit haben, etwas zu tun; in der Lage sein, etwas zu tun)

So andare in bicicletta.
Ich kann Fahrrad fahren.

potere – *können*

Ho la gamba ingessata, non **posso** andare in bicicletta.
Ich habe ein eingegipstes Bein, ich kann nicht Fahrrad fahren.

quando – *wenn, wann* (zeitlich)

Quando vieni in Italia?
Wann kommst du nach Italien?

se – *wenn, falls*

Se vieni in Italia, andiamo a Firenze.
Falls du nach Italien kommst, fahren wir nach Florenz.

mentre – *während* (+ Verb)

Mentre andavo a scuola ho incontrato Carlo.
Während ich zur Schule ging, habe ich Carlo getroffen.

durante – *während* (+ Substantiv)

Durante la pausa bevo sempre un caffè.
Während der Pause trinke ich immer einen Espresso.

Wussten Sie schon?

Ho le gambe che mi fanno giacomo giacomo sagt man, wenn man weiche Knie aus Angst oder vor Erschöpfung hat. Eine mögliche Erklärung dieser Redewendung könnte sein, dass das Geräusch der Kniegelenke bei der Bewegung wie ein „tschak, tschak" klingt.

Übungen

5 Vervollständigen Sie die Sätze mit den passenden Wörtern!

1. Da quanti anni (tu) .... il violino?
2. .... di Carla si chiama Luigi. Sono una coppia da tre mesi.
3. Giorgia .... parlare tre lingue.
4. Andiamo a .... a calcio. Vieni anche tu?

6 Übersetzen Sie folgende Sätze!

1. Er spielt gut Klavier.

   ....

2. Während ich koche, macht er die Hausaufgaben.

   ....

3. Was ziehe ich heute an?

   ....

4. Während des Fußballspiels haben die Fans gesungen.

   ....

7 Unterstreichen Sie die richtige Variante!

La mattina prima dell'esame Paolo si alza, si lava e si mette / si veste. Fa colazione e si mette / si veste la giacca. Esce e va alla fermata dell'autobus. Sa / Può tutto ma è molto nervoso e gli tremano le gambe. Quando / Se passa l'esame può andare a Londra con i suoi amici.

1.3 Anrede

Wie duzt oder siezt man sich in Italien? Damit man Fallstricke der Höflichkeit vermeidet, hier die wichtigsten „Regeln".
Junge Leute duzen sich untereinander. Es hängt eben von der Generation ab. Unter Kollegen duzt man sich ebenfalls. Im Beruf werden Vorgesetzte normalerweise gesiezt. Es ist in Italien aber auch üblich, jemanden mit Vornamen anzureden, aber weiterhin zu siezen. Das ist dann eine sogenannte Mischform von beidem.

Du-Form	*Sie-Form*
Ciao! *Hallo!*	Buongiorno! / Buona sera! *Guten Tag! / Guten Abend!*
Come stai? / Come va? *Wie geht es dir? / Wie geht's?*	Come sta? / Come va? *Wie geht es Ihnen? / Wie geht's?*
Ciao! *Tschüss!*	Arrivederci! / ArrivederLa! *Auf Wiedersehen!*

Achtung!

Bitte! = **Prego!**
Die Antwort auf **grazie** ist **prego**.
Wenn man etwas anbietet, sagt man auch **prego**:
Prego, si accomodi pure. – *Bitte nehmen Sie doch Platz.*

bitte = **per piacere / per favore / per cortesia**
Wenn man jemanden um einen Gefallen bittet, sagt man: **per favore** oder **per piacere** oder auch **per cortesia**. Die Formen sind alle gleichwertig.

Anrede bei Briefen und E-Mails

Anrede und Schlussformel

Achtung! In Briefen steht kein Artikel vor dem Datum

An einen Freund	An Einzelpersonen – förmlich	An Firmen ohne Ansprechpartner
Bologna, 16.04.2018	**Bologna, 16.04.2018**	**Bologna, 16.04.2018**
Caro/-a ..., *Lieber / Liebe ...,*	**Gent.le Sig. / Egregio Sig. Morandi,** *Sehr geehrter Herr Morandi,* **Gent.le / Gent.ma Sig.ra Rossi,** *Sehr geehrte Frau Rossi,*	**Spett. ditta,** *Sehr geehrte Damen und Herren,*
...	...	...
Baci / Un abbraccio *Küsse / Eine Umarmung*	**Cordiali saluti** *Mit freundlichen Grüßen*	**Cordiali saluti / Distinti saluti** *Mit freundlichen Grüßen / Hochachtungsvoll*

Zur Angabe des Datums

Nur für den ersten Tag des Monats verwendet man die Ordnungszahl **primo**:

il primo gennaio – *der erste Januar.*

Ansonsten verwendet man die Kardinalzahlen **due, tre, ...**:

Oggi è **il tredici** febbraio. –
Heute ist der 13. *Februar.*

Wussten Sie schon?

Ab ca. **15 Uhr** sagt man in Italien nicht mehr buongiorno, sondern **buona sera**!

Wussten Sie schon?

Am **17. März 1861** wurde **il Regno d'Italia** *(das Königreich Italien)* ausgerufen und Viktor Emanuel II. wurde in Turin zum König Italiens ernannt. Damit gelang nach drei Unabhängigkeitskriegen die Vereinigung Italiens.

Am **2. Juni 1946** wurde nach einem Referendum Italien als Republik gegründet und jährlich feiert man an diesem Tag **la Festa della Repubblica** (in Italien ein Feiertag).

8 Verbinden Sie die Satzteile!

1. ☐ La Festa del Lavoro è

2. ☐ Natale è

3. ☐ Ferragosto è

4. ☐ La Festa del papà è

5. ☐ La Festa della Repubblica è

6. ☐ Santo Stefano è

7. ☐ La Befana si festeggia

a) il 25 dicembre.

b) il 15 agosto.

c) il 2 giugno.

d) il primo maggio.

e) il 26 dicembre.

f) il 19 marzo.

g) il 6 gennaio.

Wussten Sie schon?

Die **Befana** ist eine Hexe, die in der Nacht vom 5. auf den 6. Januar in Italien mit ihrem Besen fliegt und durch die Schornsteine in die Häuser gelangt. Die Kinder hängen hierzu ihre Socken auf, die dann von der Befana gefüllt werden. Für die „braven" Kinder gibt es Süßigkeiten und in einigen Regionen Italiens auch richtig große Geschenke.
Für die „nicht braven" Kinder hingegen wird schwarze Kohle (heute in Form von z. B. Lakritze) verteilt.

1.4 Zahlen, Gewichte, Uhrzeit

Typische Fehlerquellen können bei der Anwendung von Zahlen, Gewichten und bei der Uhrzeit entstehen.

Die Zahlen – I numeri

Bei Kardinalzahlen vor 1 und 8 fällt der Endvokal (wie z. B.: **trentuno** und **trentotto**) weg.

Die Ordnungszahlen bildet man ab der Zahl elf mit der Grundzahl ohne Endvokal und der Endung **-esimo** (wie z. B.: **dodicesimo, tredicesimo** usw.). Vor 3 und 6 bleibt der Endvokal erhalten (wie z. B.: **trentatreesimo** und **trentaseiesimo**).

Wussten Sie schon?

In Italien ist es üblich kleinere Mengen nach ihrem Gewicht (*peso*) zu bezahlen, z. B. Brot, Brötchen oder Torten.

Die Gewichte – I pesi

un etto, due etti – *100 Gramm, 200 Gramm*

un chilo, due chili – *1 Kilogramm, 2 Kilogramm*

un mezzo chilo – *½ Kilogramm*

un chilo e mezzo – *1 ½ Kilogramm*

Die Uhrzeit – L'ora

Reihenfolge: 1. Stunden + 2. Minuten

Sono le sette e venti.
Es ist zwanzig nach sieben.

È mezzogiorno / mezzanotte / l'una.
Es ist Mittag / Mitternacht / ein Uhr.

Sono le due / le tre / le quattro / le cinque / le sei / le sette / le otto / ... / le undici / ...
Es ist zwei / drei / vier / fünf / sechs / sieben / acht / ... / elf / ... Uhr.

Sono le quattro e mezza / mezzo.
Es ist halb fünf.

Der Artikel **le** bleibt erhalten, auch wenn die nachfolgende Zahl mit Vokal beginnt, denn **le** ist die Pluralform von **l'ora – le ore**. Die Pluralformen werden nie apostrophiert!

Wussten Sie schon?

Non vedo l'ora di + infinito
Non vedo l'ora di andare in vacanza!
Ich kann es kaum erwarten, in Urlaub zu fahren!

Non vedo l'ora che + congiuntivo
Non vedo l'ora che inizino le vacanze!
Ich kann es kaum erwarten, dass der Urlaub beginnt!

Typische Fehlerquellen im Wortschatz – kurz und knapp

Falsche Freunde

Falsche Freunde sind Wörter, die in beiden Sprachen vorkommen und sich sehr ähneln. So sehr, dass man sich leicht irreführen lässt, z. B.: **caldo** = *warm*; **freddo** = *kalt*. Präfixe und Suffixe können in den verschiedenen Sprachen zu **falschen Freunden** führen, z. B.: **disorganizzato** – *desorganisiert*; **speciale** – *speziell*.

Häufig verwechselte Wörter

Wörter, die oft verwechselt werden und sich von der deutschen Sprache unterscheiden, z. B. das Verb *spielen*. Auf Italienisch sagt man **suonare**, wenn man ein Instrument spielt, und **giocare**, wenn man ein Spiel spielt.

Anrede

Wenn man sich duzt, sagt man: **Ciao Marco!** Das bedeutet sowohl *Hallo* als auch *Tschüss Marco!*

Wenn man sich siezt, sagt man bei der Begrüßung: **Buongiorno/Buona sera signor Pigna.** – *Guten Tag / Guten Abend Herr Pigna*. Bei der Verabschiedung ist ein **Arrivederci/ArrivederLa** – *Auf Wiedersehen* üblich (nicht Ciao!).

Zahlen

Bei Kardinalzahlen vor **1** und **8** fällt der Endvokal (wie z. B.: **trentuno** und **trentotto**) weg.

Die Ordnungszahlen bildet man ab der Zahl elf mit der Grundzahl ohne Endvokal und der Endung **-esimo**. Vor **3** und **6** bleibt der Endvokal erhalten (wie z. B.: **trentatreesimo** und **trentaseiesimo**).

Gewichte

un etto, due etti – *100 Gramm, 200 Gramm*
un chilo, due chili – *1 Kilogramm, 2 Kilogramm*
~~un~~ mezzo chilo – ½ *Kilogramm*

Uhrzeit

Reihenfolge: 1. Stunden + 2. Minuten
È mezzogiorno / mezzanotte e dieci. – *Es ist zehn nach zwölf / Es ist null Uhr zehn.*
È l'una meno un quarto. – *Es ist Viertel vor eins.*
Sono le quattro e mezza / mezzo. – *Es ist halb fünf.*

Wussten Sie schon?

In bocca al lupo! (*Hals- und Beinbruch!*, wortwörtlich: *Im Maul des Wolfs*) sagt man, wenn man jemandem viel Glück (zum Beispiel bei einer Prüfung) wünscht. Die Antwort darauf muss **Crepi il lupo!** (wortwörtlich: *Sterbe der Wolf*) oder einfach **Crepi!** lauten. Sagen Sie niemals **auguri** (*Alles Gute!*) zu jemandem, der z. B. eine Prüfung machen muss, denn das bringt Pech!

Alles verstanden? Sì, ho capito!

1 Übersetzen Sie folgende E-Mail!

E-Mail

An: Andrea@hocapito.it

Betreff: Grüsse aus Bologna

Lieber Andrea,

wie geht es Dir?
Seit zwei Wochen bin ich in Bologna.
Das Wetter ist schön und hier ist es sehr warm.
Heute habe ich einen Badeanzug gekauft und morgen fahren wir ans Meer.
Hier in Bologna besuche ich einen Kurs, um Italienisch zu lernen. Die Sprache ist leicht und die Lehrerin ist tüchtig und freundlich.
Ich habe viele neue Freunde und nächste Woche werden wir zusammen das Museum von Morandi besichtigen.
In fünf Minuten fängt der Unterricht an. Jetzt muss ich gehen, sonst komme ich zu spät.

Wann kommst Du mich besuchen?

Eine Umarmung und auf sehr bald.

Elisabetta

Wussten Sie schon?

Giorgio Morandi (1890–1964) ist ein italienischer Maler, der vor allem durch seine Stillleben weltweiten Ruhm erlangt hat.

E-Mail

An: Andrea@hocapito.it

Betreff: Saluti da Bologna

....

....

....

....

....

....

....

....

....

....

....

....

Elisabetta

Wussten Sie schon?

In Italien ist im Gegensatz zu vielen anderen europäischen Ländern der Name **Andrea** ein rein **männlicher Vorname**.
Ein italienisches Gericht ordnete vor einigen Jahren einem italienischen Mädchen, das zwar im Ausland geboren wurde, aber in Mantua (Oberitalien) aufgewachsen war, die Umänderung seines Namens Andrea an.
Ebenso sind **Gabriele** und **Simone** in Italien Vornamen **männlichen Geschlechts**.

2. Grammatik

2.1 Artikel

Die Bestimmung des Geschlechts der Substantive scheint im Italienischen erst einmal einfach zu sein: Es gibt nur männliche und weibliche Substantive (kein Neutrum!). Die Wortendungen weisen meist auf das Geschlecht hin.
Natürlich gibt es auch hier wieder Ausnahmen ☺.

Substantive werden übrigens im Italienischen (meist) kleingeschrieben.

Zur Vertiefung sehen Sie auch S. 31 + 32

In der italienischen Sprache werden drei Artikelformen verwendet: der bestimmte Artikel (**il, lo, la, l', i, gli, le**), der unbestimmte Artikel (**un, uno, una, un'**) und der Teilungsartikel.

Die bestimmten Artikel

	Singular	Plural
Maskulin	IL L' (vor Vokal) LO (vor **s + Konsonant, z-, gn-, x-, y-, ps-**)	I GLI
Feminin	LA L' (vor Vokal)	LE

Der bestimmte Artikel wird verwendet bei:

Titeln und Berufsbezeichnungen + Eigennamen aber: ohne Artikel bei direkter Anrede	**Il dottor Fiore è in ambulatorio.** *Doktor Fiore ist in der Praxis.* **Buongiorno dottor Fiore!** *Guten Tag Dr. Fiore!*
Ländernamen	**L'Italia è una Repubblica democratica.** *Italien ist eine demokratische Republik.*
Regionen	**L'Emilia Romagna è una terra ricca di storia.** *Emilia Romagna ist ein Gebiet reich an Geschichte.*
großen Inseln	**La Sicilia è una regione autonoma.** *Sizilien ist eine autonome Region.*
Sprachen	**L'italiano è una bella lingua.** *Italienisch ist eine schöne Sprache.*
Possessivpronomen (Ausnahmen: siehe S. 30, 45, 66)	**Dov'è il mio computer?** *Wo ist mein Computer?*
Körperteilen	**Hai gli occhi castani.** *Du hast braune Augen.*
Musikinstrumenten	**Suono il pianoforte.** *Ich spiele Klavier.*
Krankheiten	**Ho la febbre.** *Ich habe Fieber.*
Sportarten	**Mi piace il tennis.** *Ich mag Tennis.*
Stoffen und Materialien	**La seta è un tessuto naturale.** *Seide ist ein natürlicher Stoff.*

Farben	**Il blu è il mio colore preferito.** *Blau ist meine Lieblingsfarbe.*
Uhrzeiten außer bei: **mezzogiorno** und **mezzanotte**	**Sono le due e mezza/o.** *Es ist halb drei.*
Tageszeiten	**Il mattino ha l'oro in bocca.** (Sprichwort) *Morgenstund hat Gold im Mund.*
Wochentagen im Sinne der Gewohnheit: montags usw.	**Il lunedì faccio yoga.** *Montags mache ich Yoga.*

Den bestimmten Artikel verwendet man nicht:

bei einigen Orts- und Richtungsangaben mit der Präposition **a**	**a casa, a letto, a scuola, a teatro, ecc.**
bei nicht näher bestimmten Ortsangaben mit der Präposition **in**	**in albergo, in cucina, in centro, ecc.** aber: **nel centro storico**
bei Monatsnamen und Jahreszeiten	**in luglio, in estate**
bei Possessivpronomen vor Verwandtschaftsbezeichnungen im Singular (außer bei: **loro**)	**Questa è mia moglie.** *Das ist meine Frau.* (aber: **Questo è il loro zio.** *Das ist ihr Onkel.*)
beim Datum in Briefen	**Roma, 13.2.2013** *Rom, den 13.2.2013*

Erinnern Sie sich? Zur Vertiefung S. 19

Lerntipp

Lesen Sie Vokabeln und Texte laut vor. So gewöhnen Sie sich von Anfang an daran, Italienisch nicht nur zu lesen oder zu schreiben, sondern vor allem auch zu sprechen!

Die unbestimmten Artikel

Maskulin	UN UN UNO
Feminin	UNA UN'

Den unbestimmten Artikel verwendet man meist wie im Deutschen. Vor weiblichen Substantiven, die mit Vokal anfangen, wird der unbestimmte Artikel **una** abgekürzt und apostrophiert: **un'**.

Zur Vertiefung des Themas siehe S. 32

Der unbestimmte Artikel hat keine Pluralform. Bei einer unbestimmten Menge kann man die Mehrzahl mit dem Teilungsartikel ausdrücken.

Wussten Sie schon?

Haben Sie schon öfter **uno momento** gehört? Es ist ein deutsches „Möchtegern-Italienisch" und falsch. Wie wir jetzt wissen, wird der unbestimmte Artikel **uno** nur vor männlichen Substantiven, die u. a. mit s + Konsonant und z anfangen, benutzt: z. B. **uno zoo, uno sbaglio**. Oder mit **uno** ist die Zahl 1 gemeint.

Einen Moment = **un momento**.

Aspetti un momento, per favore! – *Warten Sie bitte einen Moment!*

Lerntipp

Motivation! Motivation ist das Schlüsselwort. Mit Motivation, Leidenschaft und Willen können Sie die italienische Sprache beherrschen. Es wird Ihnen leichter fallen, wenn Sie sich ein Lernziel setzen, z. B.: Organisieren Sie eine Reise nach Italien, lesen Sie ein Buch in der Originalsprache (vielleicht Ihr Lieblingsbuch?) oder singen Sie italienische Lieder mit! Setzen Sie sich ein Ziel und behalten Sie es im Auge.

Teilungsartikel

Der Teilungsartikel drückt eine unbestimmte Mengenangabe oder eine unbestimmte Anzahl aus und bedeutet: *einige*, *ein paar*, *etwas*.
Den Teilungsartikel bildet man durch die Verschmelzung der Präposition **DI** mit dem bestimmten Artikel des nachfolgenden Substantivs.

DI +	IL	LO	LA	L'	I	GLI	LE
	DEL	**DELLO**	**DELLA**	**DELL'**	**DEI**	**DEGLI**	**DELLE**

Vorrei del (di + il) prosciutto. – *Ich hätte gerne etwas Schinken.*
Ho incontrato degli (di + gli) amici. – *Ich habe einige Freunde getroffen.*

Wussten Sie schon?

Sprache ist keine Mathematik und nicht immer ist alles logisch erklärbar!
Qualche + Substantiv steht immer im **Singular**!
Im Gegensatz zum Deutschen folgt nach **qualche** (*einige*) IMMER das Substantiv im Singular!
Ci vediamo tra qualche giorno. – *Wir sehen uns in einigen Tagen.*

1 Setzen Sie den bestimmten und den unbestimmten Artikel ein!

1. .... – .... albero
2. .... – .... fontana
3. .... – .... bar
4. .... – .... scontrino
5. .... – .... momento
6. .... – .... isola

2 Ergänzen Sie die Sätze mit dem passenden Teilungsartikel!

1. Ho comprato un libro.

   Ho comprato .... libri.

2. Paola ha un amico inglese simpatico.

   Paola ha .... amici inglesi simpatici.

3. Ha spiegato una regola nuova.

   Ha spiegato .... regole nuove.

4. In frigo c'è anche il formaggio fresco.

   In frigo c'è anche .... formaggio fresco.

3 Setzen Sie die bestimmten Artikel im Plural ein!

1. .... alberi
2. .... fontane
3. .... bar
4. .... scontrini
5. .... momenti
6. .... isole

Wussten Sie schon?

Agriturismo ist *der* Geheimtipp, wenn Sie Italien mal anders erleben möchten: entfernt vom Massentourismus, in Kontakt mit der Natur und in einer authentischen Unterkunft. **Agriturismo** heißt so viel wie Ferien auf dem Bauernhof. Dort können Sie typische lokale Produkte und Weine kosten und oft auch Koch-, Sprach- oder Malkurse besuchen.

4 Welches ist die richtige Variante? Unterstreichen Sie jeweils den passenden Artikel im Text!

Finalmente oggi è un / della / una bella giornata. Il / La / Una sole splende e Simona ha telefonato a un' / delle / una amiche. Insieme hanno deciso di fare del / i / un picnic per festeggiare il / lo / del compleanno di Caterina.

2.2 Substantive

Substantive mit gleicher Singular- und Pluralform

Alle Wörter, die mit 1.) einem Akzent oder 2.) einem Konsonanten enden, und 3.) alle einsilbigen Wörter verändern sich im Plural NICHT.

la città – le città	*die Stadt – die Städte*
l'università – le università	*die Universität – die Universitäten*
il caffè – i caffè	*der Kaffee – die Kaffees*
il computer – i computer	*der Computer – die Computer*
il film – i film	*der Film – die Filme*
il bar – i bar	*die Bar – die Bars*
l'autobus – gli autobus	*der Bus – die Busse*
il re – i re	*der König – die Könige*

Anglizismen sind auch in der italienischen Sprache ein verbreitetes Phänomen. Die Substantive behalten ihre Form auch im Plural, wenn sie mit einem Konsonanten enden:

il manager – i manager	**il goal – i goal**
lo sponsor – gli sponsor	**il flash – i flash**
lo staff – gli staff	**lo stage – gli stage**
il leader – i leader	**il boss – i boss**

Wussten Sie schon?

Substantive, die auf Konsonanten enden, sind meist männlich.

Lerntipp

Lernen Sie lieber mäßig, aber **regelmäßig**. Verabreden Sie sich mit sich selbst zum Italienisch lernen und tragen Sie den Termin in Ihren Terminkalender ein. Lernen Sie immer nur so lange, wie Sie sich konzentrieren können. Legen Sie realistische Zeiten fest und seien Sie konsequent! Besser zwei Mal die Woche **30 Minuten**, als einmal im Monat drei Stunden.

Substantive, die in ihrer verkürzten Form verwendet werden, bleiben in der Pluralform unverändert:

la bici(cletta) – le bici(clette) *das Fahrrad – die Fahrräder*
la moto(cicletta) – le moto(ciclette) *das Motorrad – die Motorräder*
la foto(grafia) – le foto(grafie) *das Bild – die Bilder*
il frigo(rifero) – i frigo(riferi) *der Kühlschrank – die Kühlschränke*
il cinema(tografo) – i cinema(tografi) *das Kino – die Kinos*

Sprichwort

Hai voluto la bicicletta, adesso pedala.
Du hast dir die Suppe eingebrockt, jetzt musst du sie auslöffeln.
(Wortwörtlich: Du wolltest das Fahrrad, jetzt trete in die Pedale).

Substantive im Plural

Einige italienische Substantive stehen im Gegensatz zum Deutschen nur in der Pluralform:

gli occhiali	*die Brille*	**i soldi**	*das Geld*
i pantaloni	*die Hose*	**gli spiccioli**	*das Kleingeld*
le forbici	*die Schere*	**gli spinaci**	*der Spinat*
le mutande	*die Unterhose*		

Wussten Sie schon?

Haben Sie vielleicht auch schon **forbice** (*Schere* im Singular) in Italien gehört? Dann wundern Sie sich nicht. Im umgangssprachlichen Italienisch hört man manches, was grammatikalisch nicht richtig ist. Aber das ist das Schöne an einer Sprache, sie lebt und verändert sich ständig. Das sollte Ihnen auch die Scheu nehmen, Italienisch zu sprechen und vielleicht den einen oder anderen Fehler zu machen ...

Sammelbegriffe

i dintorni	*die Umgebung*	**le stoviglie**	*das Geschirr*
le macerie	*der Schutt*	**i fumetti**	*die Comics*

Wussten Sie schon?

La gente *(die Leute)* steht, im Gegensatz zum Deutschen, immer im Singular!
Non ti preoccupare di quello che dice la gente.
Mach dir keine Sorgen, was die Leute sagen.

Substantive mit unregelmäßigen Singular- und Pluralformen

il problema – i problemi *das Problem – die Probleme*
il programma – i programmi *das Programm – die Programme*
il braccio – le braccia *der Arm – die Arme*
il ginocchio – le ginocchia *das Knie – die Knie*
l'orecchio – le orecchie *das Ohr – die Ohren*
la mano – le mani *die Hand – die Hände*
il dito – le dita *der Finger – die Finger*
il labbro – le labbra *die Lippe – die Lippen*
l'uomo – gli uomini *der Mann/Mensch – die Männer/Menschen*
l'uovo – le uova *das Ei – die Eier*

Wussten Sie schon?

Meglio un uovo oggi che una gallina domani.
Lieber den Spatz in der Hand als die Taube auf dem Dach.
(Wortwörtlich: Besser ein Ei heute als ein Huhn morgen.)

Substantive mit zwei Geschlechtern und zwei Bedeutungen

il capitale – la capitale *das Kapital – die Hauptstadt*
il fine – la fine *der Zweck – das Ende*
il foglio – la foglia *das Papierblatt – das Blatt (am Baum)*
il filo – la fila *der Faden – die Schlange (an der Kasse)*
il modo – la moda *die Art und Weise – die Mode*
il panno – la panna *das Stofftuch – die Sahne*

Abweichungen im Geschlecht der Substantive (Deutsch/Italienisch)

Es ist verflixt: Manche Wörter sind im Italienischen weiblich und im Deutschen männlich oder umgekehrt. Hier ein paar gängige Beispiele:

il sole *die Sonne*
la luna *der Mond*
il bar *die Bar*
il gruppo *die Gruppe*
il controllo *die Kontrolle*
il vaso *die Vase*
il metodo *die Methode*
il partito *die Partei*
la protesta *der Protest*
la sala *der Saal*
la star *der Star*
la tigre *der Tiger*

Wussten Sie schon?

Hier hilft nur auswendig lernen:
il capello = *das Haar*
il cappello = *der Hut*

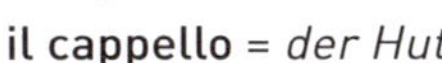

Besondere Pluralformen

- Substantive auf **-co**:

– mit Betonung auf der vorletzten Silbe bilden die Pluralform auf **-chi**:
tedesco → **tedeschi** *Deutscher – Deutsche*

– mit Betonung auf der drittletzten Silbe bilden die Pluralform auf **-ci**:
tecnico → **tecnici** *Techniker – Techniker*

- Substantive auf -**go** bilden die Pluralform meistens auf **-ghi**:
lago → **laghi** *See – Seen*

Substantive

- Substantive auf **-logo** bilden die Pluralform:

bei Personen auf **-logi**:

psicologo → psicologi *Psychologe – Psychologen*

bei Sachen auf **-loghi**:

dialogo → dialoghi *Dialog – Dialoge*

- Substantive auf **-ca** und **-ga** bilden die Pluralform auf **-che** und **-ghe**:

amica → amiche *Freundin – Freundinnen*

spiga → spighe *Ähre – Ähren*

- Substantive auf **-cia** und **-gia**:

– mit betontem **-i** bilden die Pluralform auf **-cie/-gie**:

allergia → allergie *Allergie – Allergien*

bugia → bugie *Lüge – Lügen*

– mit unbetontem **-i** nach einem Konsonanten bilden die Pluralform auf **-ce/-ge**:

arancia → arance *Apfelsine – Apfelsinen*

spiaggia → spiagge *Strand – Strände*

– mit unbetontem **-i** nach Vokal bilden sie die Pluralform auf **-cie/-gie/-ge**:

camicia → camicie *Hemd – Hemden*

Sprichwort

Le bugie hanno le gambe corte.

Lügen haben kurze Beine.

5 Finden Sie fünf Substantive im Gitternetz und setzen Sie die passenden bestimmten Artikel davor!

A	V	N	R	O	O
V	M	Z	B	A	R
M	A	I	I	L	A
D	N	L	C	K	A
T	O	F	I	I	E
R	S	H	E	Z	S

1. ....
2. ....
3. ....
4. ....
5. ....

Lerntipp

Die Konzentrationsfähigkeit steigt automatisch, wenn Sie alles, was Ihre Aufmerksamkeit ablenkt, fernhalten. Sorgen Sie dafür, dass Sie ungestört sind, wenn Sie lernen möchten. Legen Sie auch Ihr liebstes Spielzeug auf die Seite: das Handy!

6 Übersetzen Sie zunächst die Substantive und setzen Sie sie dann in den Plural!

	Singular		Plural
1. die Stadt	....	–	....
2. das Kino	....	–	....
3. die Freundin	....	–	....
4. das Hemd	....	–	....

7 Beschriften Sie die Körperteile und ergänzen Sie die bestimmten Artikel!

2.3 Adjektive und Adverbien

Groß, bunt, laut, klein, schlank, blond ... Adjektive dürfen in der italienischen Sprache nicht fehlen, schon gar nicht die richtige Gebärdensprache dazu.

Adjektive richten sich in Zahl und Geschlecht normalerweise nach dem Substantiv, welches sie begleiten. Aber auch hier gibt es ein paar Besonderheiten, die man beachten sollte.

Unveränderliche Adjektive

Manche Adjektive haben nur eine einzige Form:

• Farbbezeichnungen:
rosa, viola, lilla, fucsia, blu, marrone

• wenn auf eine Farbbezeichnung **chiaro** oder **scuro** folgt, dann bleibt das Adjektiv im Allgemeinen unverändert:
i pantaloni rossi – *die rote Hose*
i pantaloni rosso scuro/chiaro – *die dunkel-/hellrote Hose*

• Fremdwörter
beige, standard, chic, kitsch, snob – *beige, Standard-, chic, kitschig, snobistisch*

Adjektive auf *-co, -ca, -go, -ga*

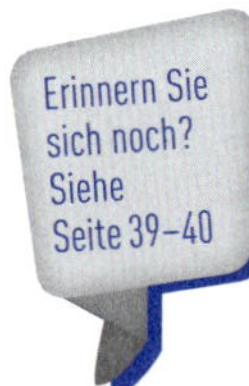

Gleiche Regeln wie bei den Substantiven:

	largo – larghi	**fresco – freschi**
	larga – larghe	**fresca – fresche**
aber:	**tipico – tipici**	
	tipica – tipiche	

Die Adjektive *bello* und *buono*

Die Adjektive **bello** und **buono** stellen eine Ausnahme dar. Ihre Form ändert sich je nachdem, wie sie im Satz eingesetzt werden.
Steht das Adjektiv **buono** vor einem Substantiv, verhält es sich wie der unbestimmte Artikel:

un libro	**È un buon libro.** – *Das ist ein gutes Buch.*
un amico	**È un buon amico.** – *Das ist ein guter Freund.*
uno yogurt	**È un buono yogurt.** – *Das ist ein leckerer Joghurt.*
un'amica	**È una buona amica.** – *Das ist eine gute Freundin.*
una ricetta	**È una buona ricetta.** – *Das ist ein gutes Rezept.*

Steht das Adjektiv **bello** vor einem Substantiv, verhält es sich wie der bestimmte Artikel:

il libro	**Ho letto un bel libro.** – *Ich habe ein schönes Buch gelesen.*
l'orologio	**Hai comprato un bell'orologio.** – *Du hast eine schöne Uhr gekauft.*
lo scialle	**Che bello scialle!** – *Was für ein schönes Schultertuch!*
la casa	**È una bella casa.** – *Das ist ein schönes Haus.*
l'amica	**Hai una bell'amica.** – *Du hast eine schöne Freundin.*
i libri	**Ho letto dei bei libri.** – *Ich habe schöne Bücher gelesen.*
gli amici	**Hai dei begli amici.** – *Du hast schöne Freunde.*
le amiche	**Hai delle belle amiche.** – *Du hast schöne Freundinnen.*

Stellung der Adjektive

Wenn das Adjektiv **vor** einem Substantiv steht, hat es eine **beschreibende** Funktion. Wenn das Adjektiv **nach** einem Substantiv steht, hat es eine **unterscheidende** Funktion.

Luisa è una mia cara amica. – *Luisa ist eine liebe Freundin von mir.*
L'albergo „Belvedere" è un albergo caro. – *Das Hotel „Belvedere" ist ein teures Hotel.*

1. Possessiva, Demonstrativa und Indefinita können als Pronomen oder als Adjektive verwendet werden. Wenn sie die Funktion eines Adjektivs haben, dann stehen sie im Satz immer vor dem Substantiv, z. B.:
   La mia bicicletta è vecchia. (**mia** = Possessivadjektiv).
   Aber: **Di chi è la bici? – È mia.** (**mia** = Possessivpronomen).

2. Adjektive werden immer **nach**gestellt bei:

- Nationalitäten: **È una ditta italiana.** – *Das ist eine italienische Firma.*

- Farben: **Ho comprato un costume rosso.** – *Ich habe einen roten Badeanzug gekauft.*

- Formen: **Ho appeso uno specchio rotondo.** – *Ich habe einen runden Spiegel aufgehängt.*

- religiösen und politischen Zugehörigkeiten: **È una chiesa protestante.** – *Das ist eine protestantische Kirche.*

- mehrsilbigen Adjektiven: **È una persona intelligente.** – *Er/Sie ist eine intelligente Person.*

Besonderheiten zur Stellung der Adjektive

Manche Adjektive wie **povero, vecchio, solo, caro** erhalten eine unterschiedliche Bedeutung, je nachdem, ob sie vor oder nach dem Substantiv stehen. Hüten Sie sich vor unbeabsichtigten Sinnveränderungen!

povero *arm, bedauernswert*

È una persona povera. – *Er/Sie ist eine arme Person.*

È una povera persona. – *Er/Sie ist eine bedauernswerte Person.*

vecchio *alt, langjährig*

È un'amica vecchia. – *Sie ist eine alte Freundin.*

È una vecchia amica. – *Sie ist eine langjährige Freundin.*

solo *einsam, einzig*

È un ragazzo solo. – *Er ist ein einsamer Junge.*

Lì c'è un solo ragazzo. – *Dort ist ein einziger Junge.*

caro *lieb, teuer*

È un caro amico. – *Er ist ein lieber Freund.*

È un oggetto caro. – *Das ist ein teurer Gegenstand.*

Lerntipp

Wiederholen, wiederholen und wiederholen! Je mehr Vokabeln Sie können, umso größer ist die Wahrscheinlichkeit, dass Sie Italiener verstehen. Sie können auch an der freien Luft üben, z. B. während Sie einen Spaziergang im Park machen oder auf dem Wochenmarkt Einkäufe erledigen. Wiederholen Sie für sich italienische Begriffe und benennen Sie die Dinge, die Sie sehen.

Molto, poco, tanto, troppo

Molto, poco, tanto, troppo als Adjektive sind **veränderlich.**

Die Adjektive **molto**, **poco**, **tanto**, **troppo** richten sich nach dem Substantiv und sind deswegen veränderlich:

Ho molto/poco/tanto/troppo tempo libero. – *Ich habe viel/wenig/viel/zu viel Freizeit.*
Ho molta/poca/tanta/troppa fame. – *Ich habe viel/wenig/viel/zu viel Hunger.*
Ho molti/pochi/tanti/troppi soldi. – *Ich habe viel/wenig/viel/zu wenig Geld.*
Ho molte/poche/tante/troppe cose. – *Ich habe viele/wenige/viele/zu viele Dinge/Sachen.*

Molto, poco, tanto, troppo als Adverbien sind **unveränderlich.**

Die Adverbien **molto**, **poco**, **tanto**, **troppo** begleiten ein Verb und sind deswegen unveränderlich:

Ho molto/poco/tanto/troppo da fare. –
Ich habe viel/wenig/viel/zu viel zu tun.

Wenn sie ein Adjektiv verstärken, bleiben sie unverändert:

È un libro molto interessante. –
Es ist ein sehr interessantes Buch.
È un'intervista molto interessante. –
Es ist ein sehr interessantes Interview.

Sono dei libri molto interessanti. –
Es sind sehr interessante Bücher.
Sono delle interviste molto interessanti. –
Es sind sehr interessante Interviews.

Achtung!

Ho mangiato troppo. –
Ich habe zu viel gegessen.

zu viel = **troppo**

Buono, bene, cattivo, male

- **buono** und **cattivo** sind Adjektive, die veränderlich sind.
  Sie richten sich nach dem Substantiv.

  La pizza è buona/cattiva. – *Die Pizza ist gut/schlecht.*
  Il vino è buono/cattivo. – *Der Wein ist gut/schlecht.*

  Le mele sono buone/cattive. – *Die Äpfel sind gut/schlecht.*
  Gli gnocchi sono buoni/cattivi. – *Die Gnocchi sind gut/schlecht.*

- **Bene** und **male** sind Adverbien.
  Sie sind unveränderlich und begleiten ein Verb.

  Oggi sto bene/male. – *Heute fühle ich mich gut/schlecht.*

Wussten Sie schon?

Die **Slow-Food**-Bewegung wurde als Protest gegen Fast-Food-Ketten im Jahre 1986 in Italien gegründet. Die Beweggründe sind die Erhaltung der lokalen Produkte und der regionalen Küche. Das Logo dieser Bewegung ist die Weinbergschnecke als Symbol für die Langsamkeit.Die Qualität und Vielfalt des Essens stehen im Vordergrund. Italiener legen viel Wert auf gutes Essen und geben eine Menge Geld dafür aus.

Unregelmäßige Steigerungsformen

Adjektive	Komparativ	Superlativ
buono – *gut*	**migliore** – *besser*	**ottimo** – *der beste*
cattivo – *schlecht*	**peggiore** – *schlechter*	**pessimo** – *der schlechteste*
piccolo – *klein*	**minore** – *kleiner, jünger*	**minimo** – *der kleinste*
grande – *groß*	**maggiore** – *größer, älter*	**massimo** – *der größte*
alto – *groß, hoch*	**superiore** – *höher*	**supremo** – *der höchste*
basso – *klein, niedrig*	**inferiore** – *niedriger*	**infimo** – *der niedrigste*

Adverbien	Komparativ	Superlativ
bene – *gut*	**meglio** – *besser*	**benissimo** – *sehr gut* oder: **molto bene**
male – *schlecht*	**peggio** – *schlechter*	**malissimo** – *sehr schlecht* oder: **molto male**
molto – *viel*	**più** – *mehr*	**moltissimo** – *sehr viel*
poco – *wenig*	**meno** – weniger	**pochissimo** – *sehr wenig*

Lerntipp

Lesen Sie vereinfachte **Lektüren auf Italienisch**, wie die Compact Lernlektüren. Lesen Sie generell viel auf Italienisch, z. B. Zeitschriften, Zeitungen, Internetseiten und Comics. Neue Wörter werden Sie durch den Kontext verstehen.

Stellung der Adverbien

Adverbien stehen normalerweise:

→ nach dem Verb, auf das sie sich beziehen

Carlo ha parlato tanto. – *Carlo hat viel gesprochen.*

→ vor dem Adjektiv

È un lavoro davvero fantastico. – *Das ist wirklich eine fantastische Arbeit.*

→ vor dem Substantiv

Preferisco leggere sempre i libri in lingua originale. –
Ich bevorzuge es, die Bücher immer in Originalsprache zu lesen.

Normalerweise stehen die Adverbien **già** *(schon)*, **mai** *(nie)*, **quasi** *(fast)*, **sempre** *(immer)*, **ancora** *(noch)* bei zusammengesetzten Verbformen zwischen Hilfsverb und Partizip.

Bezieht sich das Adverb auf einen ganzen Satz, kann es vor irgendeinen Satzteil gesetzt werden:

Finalmente iniziano le vacanze. – *Endlich fängt der Urlaub an.*
Iniziano le vacanze finalmente. – *Der Urlaub fängt endlich an.*

Besonderheiten zur Stellung der Adverbien

Je nach Stellung der Adverbien **solo** *(nur)*, **anche** *(auch)*, **proprio** *(wirklich, genau)*, **perfino** *(sogar)*, **soprattutto** *(vor allem)* kann ein bestimmter Teil des Satzes betont werden und dabei ändert sich auch die Bedeutung des ganzen Satzes.

(Io) compro il pane solo per oggi. – *Ich kaufe das Brot nur für heute.*
(Io) compro solo il pane. – *Ich kaufe nur das Brot.*
Solo io compro il pane. – *Nur ich kaufe Brot.*

8 *Buono* oder *bene*? *Cattivo* oder *male*? Übersetzen Sie die Sätze!

1. Ich habe sehr gut gegessen.

....

2. Jetzt trinken wir einen leckeren Kaffee.

....

3. Sie (*Pl.*) haben schlecht gespielt, deswegen haben sie das Spiel verloren.

....

4. Diese Gemüsesuppe ist schlecht. Sie ist zu salzig.

....

9 Adjektiv oder Adverb? Kreuzen Sie die richtige Lösung an und schreiben Sie die Übersetzung auf!

1. Carla è .... sposata.

a ❑ felice

b ❑ felicemente

Carla ist ....

2. Suo marito parla .... l'italiano.

a ❑ perfetto

b ❑ perfettamente

Ihr Ehemann ....

3. Il bambino gioca .... in giardino.

a ❑ tranquillo

b ❑ tranquillamente

Das Kind ....

4. Questo esercizio è molto ....

a ❑ facile

b ❑ facilmente

Diese Übung ....

10 Francesca ist Single und sucht einen Freund. Helfen Sie ihr, die Anzeige zu vervollständigen!

Sono **1.** .... Italienerin e lavoro in una ditta **2.** .... deutsche.

Nel tempo libero mi piace **3.** .... sehr viaggiare. Ho **4.** .... viele interessi: mi piace leggere, dipingere e fare fotografie e so cucinare **5.** .... sehr gut.

11 Übersetzen Sie die Wörter und setzen Sie sie dann an die richtige Stelle im Satz!

1. französisch	È un .... film ....
2. rot	Ho comprato un .... cappotto ....
3. langjährig	Lui è un .... amico ....
4. alt	Lui ha molti .... amici ....
5. rund	Sul divano ci sono due .... cuscini ....

12 Wie lautet das Gegenteil? Schreiben Sie es auf!

1. simpatico ....

2. sicuro ....

3. educato ....

4. divertente ....

5. pieno ....

6. ottimista ....

2.4 Präpositionen

Präpositionen sind ein heikles Thema, bei dem die meisten Lernenden aufstöhnen. Die richtige Anwendung der Präpositionen ist im Italienischen nicht immer einfach.

Die folgenden Grundregeln helfen Ihnen!

DI	+ Herkunft: **Sono di Bologna.** – *Ich komme aus Bologna.* Um den Genitiv anzugeben: **la macchina di** (**di** + Eigennamen) **Paola** – *das Auto von Paola* aber: **la macchina della** (**di** + Art. + Substantiv) **zia Paola** – *das Auto der Tante Paola* Zur Bildung der zusammengesetzten Wörter: **il libro di italiano** – *das Italienischbuch* + Material und Stoffe: **il tavolo di legno** – *der Tisch aus Holz/Holztisch* **la giacca di pelle** – *die Jacke aus Leder/Lederjacke* Um Mengen anzugeben: **un chilo di mele** – *ein Kilo Äpfel* **un po' di pane** – *etwas Brot* **un pezzo di pizza** – *ein Stück Pizza*

Wussten Sie schon?

In Italien bestellt man zu einer Pizza grundsätzlich keinen Wein, sondern Bier (oder nicht alkoholische Getränke)!

A	+ Städte: **Sono a Bologna.** – *Ich bin in Bologna.* Um den Dativ anzugeben: **Presto la macchina a** (**a** + Eigennamen) **Giulia.** – *Ich leihe Giulia das Auto.* aber: **Presto la macchina alla** (**a** + Art. + Substantiv) **zia Giulia.** – *Ich leihe Tante Giulia das Auto.* Um die Uhrzeit anzugeben *(um / bis)*: **Partiamo a mezzogiorno/mezzanotte.** – *Wir reisen um zwölf Uhr mittags/nachts ab.* aber: **Partiamo all'una/alle quattro.** – *Wir reisen um ein/vier Uhr ab.* **Lavora dalle otto alle due.** – *Er/Sie arbeitet von acht bis zwei Uhr.* Um die Art und Weise (wie?) auszudrücken: **la cotoletta alla milanese** – *Schnitzel nach Mailänder Art, Mailänderschnitzel* Um die Ort und Richtung anzugeben: **a casa, a teatro, a letto, ...** aber: **al cinema, all'opera, allo stadio, al lavoro, alla stazione, al bar, al mare, ...** aber: **a casa, a teatro, a letto** Ausnahme: **a piedi** – *zu Fuß*

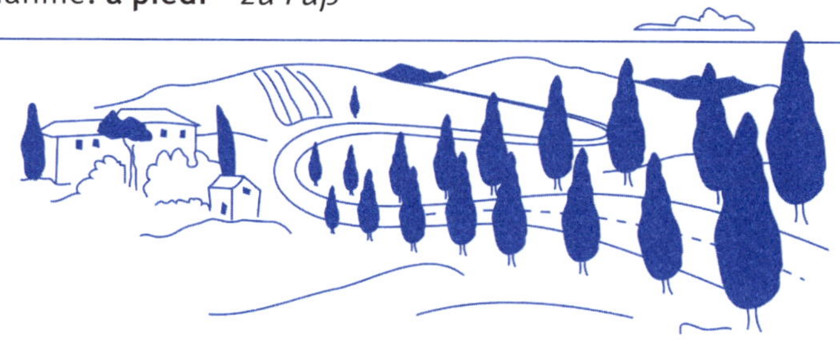

DA	Bei jemandem sein oder zu jemandem gehen: **Vado/Sono da Andrea.** – *Ich gehe zu/bin bei Andrea.* Um die Herkunft mit dem Verb ***venire*** anzugeben: **Veniamo proprio adesso da Pisa.** – *Wir kommen gerade aus Pisa.* Um einen Zeitraum anzugeben mit der Bedeutung *seit (wann)* und *ab (wann)*: **Da quando studi italiano?** – *Seit wann lernst du Italienisch?* **Da martedì sono in vacanza.** – *Ab Dienstag bin ich in Urlaub.*  Um einen Wert anzugeben: **Per favore, mi potresti cambiare una banconota da venti euro?** – *Könntest du mir bitte einen 20-Euro-Schein wechseln?* Bei Personen in der Bedeutung *als* und *wie*: **Da piccola giocavo con l'hula hoop.** – *Als Kind spielte ich mit dem Hula-Hoop-Reifen.* Um die Uhrzeit anzugeben in der Bedeutung von: **Dalle due alle quattro facciamo i compiti.** – *Von zwei bis vier Uhr machen wir die Hausaufgaben.* Zur Bildung der zusammengesetzten Wörter, die einen Zweck ausdrücken: **Prendo le scarpe da ginnastica.** – *Ich nehme die Sportschuhe.*

IN	+ Länder: **Abito in Germania.** – *Ich wohne in Deutschland.* aber: **Abito negli Stati Uniti.** – *Ich wohne in den Vereinigten Staaten.* + Regionen: **in Friuli, in Piemonte** aber: **nel Lazio** + Verkehrsmittel: **Andiamo in aereo.** – *Wir fliegen mit dem Flugzeug.* + Straßennamen: **in via/viale/piazza/vicolo Rizzoli** + Wörter, die mit **-ria** und **-teca** enden: **Vado prima in libreria e poi in enoteca.** – *Ich gehe zuerst in den Buchladen und dann ins Weingeschäft.* + Angabe von Jahreszeiten, Monaten, Jahreszahlen und Jahrhunderten: **in estate, in agosto** aber: **nel 1800, nel Novecento** Um eine Sprache anzugeben: **Come si dice in italiano?** – *Wie sagt man auf Italienisch?* + größere Inseln: **Vado in Sicilia.** – *Ich fahre nach Sizilien.* aber: **Vado all'Isola d'Elba.** – *Ich fahre nach Elba/auf die Insel Elba.* Ausnahmen: **in ufficio, in banca, in centro, in montagna, in campagna, in cucina, ...** aber: **nella Banca Centrale, nel centro storico, ...**

CON	+ Verkehrsmittel (+ bestimmter Artikel): **Andiamo con l'aereo.** – *Wir fliegen mit dem Flugzeug.* Um einen Umstand anzugeben: **con questo caldo** – *bei dieser Hitze*
SU	Um die Berührung von oben auszudrücken: **La penna è sul tavolo.** – *Der Stift liegt auf dem Tisch.* Bei ungefähren Alters-, Preis- und Mengenangaben: **Peserà sui sessanta chili.** – *Er/Sie/Es wird um die sechzig Kilo schwer sein.*
PER	Vor einem Infinitiv: **Che strada devo prendere per andare alla stazione?** – *Welche Straße soll ich nehmen, um zum Bahnhof zu kommen?* Um die Dauer einer Handlung bzw. eines Zustands anzugeben: **Ho aspettato per tre ore.** – *Ich habe drei Stunden (lang) gewartet.* Um das Durchfahren auszudrücken: **Passiamo per Firenze.** – *Wir fahren durch Florenz/an Florenz vorbei.*
TRA/ FRA	In der Bedeutung von *zwischen*: **Il bar è tra la banca e il negozio di scarpe.** – *Die Bar ist zwischen der Bank und dem Schuhgeschäft.* In der Bedeutung von *in* (zeitlich): **tra/fra un'ora** – in einer Stunde Um eine Beziehung *unter* Personen auszudrücken: **tra/fra amici** – *unter Freunden*

Die Präpositionen mit Artikeln

Die Präpositionen **di, a, da, in, su** können mit den Artikeln verschmelzen und bilden dann folgende Formen:

+	il	lo	la	l'	i	gli	le
di	del	dello	della	dell'	dei	degli	delle
a	al	allo	alla	all'	ai	agli	alle
da	dal	dallo	dalla	dall'	dai	dagli	dalle
in	nel	nello	nella	nell'	nei	negli	nelle
su	sul	sullo	sulla	sull'	sui	sugli	sulle

Verben mit Präpositionen

Manche Verben werden normalerweise von einer bestimmten Präposition begleitet, diese ist oft anders als im Deutschen. Hier nur einige Beispiele dafür:

abituarsi a qualcuno / qualcosa – *sich an jmd./etw. gewöhnen*
cominciare a fare qualcosa – *anfangen, etw. zu tun*
finire di fare qualcosa – *etw. beenden*
contare su qualcuno – *auf jmd. zählen*
dipendere da qualcuno – *von jmd. abhängen*
fidarsi di qualcuno / qualcosa – *sich auf jmd./etw. verlassen*
innamorarsi di qualcuno / qualcosa – *sich in jmd./etw. verlieben*
lamentarsi di qualcuno / qualcosa – *sich über jmd./etw. beklagen*
parlare di qualcuno / qualcosa – *über/von jmd./etw. sprechen*
pensare a qualcuno / qualcosa – *an jmd./etw. denken*
pensare di fare qualcosa – *daran denken, etw. zu tun*
ricordarsi di qualcuno / qualcosa – *sich an jmd./etw. erinnern*
telefonare a qualcuno – *jmd. anrufen*

13 Übersetzen und vervollständigen Sie die Sätze!

1. Questa è una Gürtel aus Leder ....
2. Ho comprato un paio di Gymnastikschuhe ....
3. Andiamo ins Kino .... mit dem Auto ....
4. Sono andata in vacanza zur Insel .... d'Elba.

14 Fügen Sie die richtigen Präpositionen ein!

1. Il tavolo è .... legno, l'anello è .... argento, la mia maglietta è .... cotone?
2. Ho messo in valigia gli occhiali .... sole e il costume .... bagno.
3. I negozi chiudono .... mezzogiorno e mezzo.
4. .... mezz'ora esco e vado .... piscina.

15 Wo arbeiten diese Personen? Fügen Sie die passende Präposition ein!

1. Lucia è infermiera e lavora .... ospedale.
2. Giovanni è impiegato e lavora .... ufficio.
3. Francesca è professoressa e lavora .... università.
4. Marco è traduttore e lavora .... casa.
5. Chiara fa la gelataia e lavora .... gelateria.

2.5 Verben: Präsens

Häufige Konjugationsfehler

- Alle Verben auf **-gare** und **-care** werden wie die regelmäßigen Verben auf **-are** konjugiert. Um den Laut „**g**" zu behalten, wird in der 2. Person Singular und in der 1. Person Plural ein **-h-** eingesetzt, z. B.:

  pagare *(bezahlen)*: **io pago, tu paghi, lui/lei/Lei paga, noi paghiamo, voi pagate, loro pagano**
  cercare *(suchen)*: **io cerco, tu cerchi, lui/lei/Lei cerca, noi cerchiamo, voi cercate, loro cercano**

- Manche Verben auf **-ire** – wie z. B. **finire** *(beenden)* – werden regelmäßig konjugiert, aber im Singular und in der 3. Person Plural wird ein **-isc-**

  capire *(verstehen)*: **io capisco, tu capisci, lui/lei/Lei capisce, noi capiamo, voi capite, loro capiscono**

Andere wichtige Verben mit Stammerweiterung sind:

costruire *(bauen)*, **impedire** *(verhindern)*, **preferire** *(bevorzugen)*, **proibire** *(verbieten)*, **pulire** *(putzen/reinigen)*, **restituire** *(zurückgeben)*, **sostituire** *(ersetzen)*, **sparire** *(verschwinden)*, **spedire** *(senden)*.

- Alle Verben auf **-ciare** oder **-giare** – wie z. B. **cominciare** *(anfangen)* –werden wie die regelmäßigen Verben auf **-are** konjugiert. In der 2. Person Singular und in der 1. Person Plural behalten sie aber nur ein **-i**, z. B.:

  mangiare (essen): **io mangio, tu mangi, lui/lei/Lei mangia, noi mangiamo, voi mangiate, loro mangiano**

  aber: ist das **i** des Stammes betont, dann bleibt es in der 2. Person Singular erhalten:

  sciare *(Ski fahren)*: **io scio, tu scii, lui/lei/Lei scia, noi sciamo, voi sciate, loro sciano**

Unregelmäßige Verben im Präsens

Die Hilfsverben **essere** *(sein)* und **avere** *(haben)* sind die Grundbausteine der italienischen Sprache und sind unregelmäßig.

	essere	**avere**
io	sono	ho
tu	sei	hai
lui/lei/Lei	è	ha
noi	siamo	abbiamo
voi	siete	avete
loro	sono	hanno

In der Tabelle finden Sie weitere häufige unregelmäßige Verben, dazu gehören auch die Modalverben **dovere, potere** und **volere.**

	dare *(geben)*	**andare** *(gehen/ fahren)*	**dire** *(sagen)*	**fare** *(machen)*	**stare** *(bleiben)*	**uscire** *(aus-gehen)*	**venire** *(kommen)*
io	do	vado	dico	faccio	sto	esco	vengo
tu	dai	vai	dici	fai	stai	esci	vieni
lui/lei/Lei	dà	va	dice	fa	sta	esce	viene
noi	diamo	andiamo	diciamo	facciamo	stiamo	usciamo	veniamo
voi	date	andate	dite	fate	state	uscite	venite
loro	danno	vanno	dicono	fanno	stanno	escono	vengono

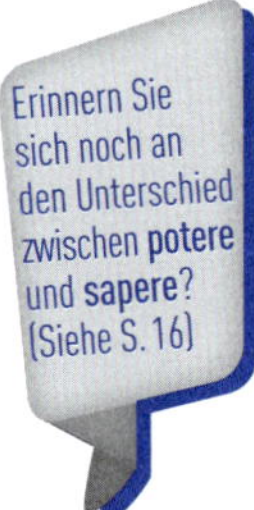

	potere *(können, dürfen)*	**dovere** *(sollen, müssen)*	**volere** *(wollen)*	**sapere** *(können, wissen)*
io	posso	devo	voglio	so
tu	puoi	devi	vuoi	sai
lui/lei/Lei	può	deve	vuole	sa
noi	possiamo	dobbiamo	vogliamo	sappiamo
voi	potete	dovete	volete	sapete
loro	possono	devono	vogliono	sanno

Reflexive Verben

Manche Verben sind im Italienischen reflexiv, im Deutschen aber nicht, dann wiederum gibt es Verben, die im Deutschen reflexiv sind, nicht aber im Italienischen.

Reflexive Verben im Italienischen	Reflexive Verben im Deutschen
chiamarsi – *heißen*	**ringraziare** – *sich bedanken*
svegliarsi – *aufwachen*	**cambiare** – *sich ändern*
alzarsi – *aufstehen*	**migliorare** – *sich verbessern*
fermarsi – *halten*	**peggiorare** – *sich verschlechtern*
sposarsi – *heiraten*	
accorgersi – *merken*	
addormentarsi – *einschlafen*	
rompersi – *kaputtgehen*	
dimettersi – *zurücktreten*	
licenziarsi – *kündigen*	

Lerntipp

Wie lernt man unregelmäßige Verben? Setzen Sie sich zum Beispiel das Ziel, jede Woche ein unregelmäßiges Verb zu lernen. Bilden, schreiben und sprechen Sie kurze Sätze mit unregelmäßigen Verben. Wiederholen Sie dann diesen Vorgang immer wieder, bis Sie die Verbkonjugationen können, ohne lange nachdenken zu müssen.

16 Vervollständigen Sie den Tagesablauf in der 1. Person Singular!

(Io) di solito **1.** aufwachen .... alle sette e un quarto, poi **2.** aufstehen .... e **3.** gehen .... in bagno. **4.** duschen .... **5.** abtrocknen .... e **6.** sich anziehen .... Poi vado in cucina e **7.** trinken .... un caffè veloce. Prima di uscire **8.** putzen .... i denti e **9.** sich kämmen .... Poi **10.** anziehen .... il cappotto ed esco di casa per andare al lavoro.

17 Schreiben Sie nun den gleichen Tagesablauf, aber in der 3. Person Singular!

....

....

....

....

....

18 Übersetzen Sie die Sätze!

1. Er kann gut schwimmen.

....

2. Herr Müller hat Halsschmerzen. Heute kann er leider nicht singen.

....

3. Elisa ist zehn Monate alt und kann schon laufen.

....

4. Ich habe einen gebrochenen Fuß und kann nicht laufen.

....

2.6 Verneinung

Anders als im Deutschen gibt es im Italienischen nur eine Form der Verneinung: **non** = *nicht* und *kein*. Im Italienischen steht **non** – anders als im Deutschen – immer vor 1.) dem konjugiertem Verb und 2.) den Pronomen:

> **Non posso venire alla festa.** – *Ich kann nicht zur Party kommen.*
> **Non parlo italiano.** – *Ich spreche kein Italienisch.*
> **Non lo so.** – *Ich weiß es nicht.*

Während im Deutschen die einfache Verneinung ausreicht, gibt es im Italienischen eine **doppelte Verneinung.**

non ... nessuno **Non ho visto nessuno.**	*kein/keiner/niemand* *Ich habe niemanden gesehen.*
non ... neppure **Non è venuto neppure Carlo.**	*nicht einmal* *Nicht einmal Carlo ist gekommen.*
non ... ancora **Non ho ancora finito.**	*noch nicht* *Ich bin noch nicht fertig.*
non ... più **Non mangio più.**	*nicht mehr* *Ich esse nicht mehr.*
non ... mai **Non telefona mai.**	*nie* *Er / Sie ruft nie an.*
non ... niente **Non ha capito niente.**	*nichts* *Er / Sie hat nichts verstanden.*
non ... neanche **Non parla neanche l'inglese.**	*nicht einmal* *Er / Sie spricht nicht einmal Englisch.*
non ... né ... né ... **Non sa giocare né a carte né a scacchi.**	*weder ... noch ...* *Er / Sie kann weder Karten noch Schach spielen.*

Wussten Sie schon?

MICA

mica = *doch nicht/gar nicht* hat die Funktion, die Verneinung zu verstärken.
Non hai mica capito niente! – *Du hast doch gar nichts verstanden!*
mica = *vielleicht/zufällig*
Hai mica visto mia sorella? – *Hast du vielleicht/zufällig meine Schwester gesehen?*

19 Setzen Sie die Wörter in die richtige Reihenfolge und übersetzen Sie die Sätze!

1. nessuno non incontrato ho

....

Ich habe ....

2. lei ha non niente mangiato

....

Sie hat ....

3. lui è non arrivato ancora

....

Er ist ....

4. gli non la il né carne piace pesce né

....

Er mag ....

5. piove più non

....

Es ....

6. mica sei non obbligato

....

Du ....

2.7 Possessivpronomen

Possessivpronomen in Verbindung mit einem Substantiv verhalten sich wie Adjektive. Possessiva können aber auch allein stehen und sich wie Pronomen verhalten.

La mia borsa è grande. E la tua?

Meine (→ Adjektiv) *Tasche ist groß. Und deine* (→ Pronomen)?

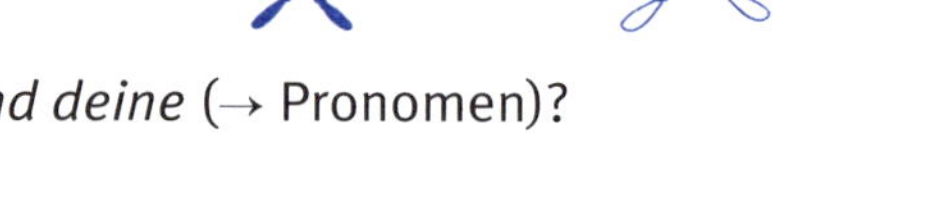

- In beiden Fällen setzt man im Italienischen immer den Artikel vor die Possessiva – außer bei Verwandtschaftsbezeichnungen im Singular!

  La mia famiglia *(meine Familie)*, **i miei genitori** *(meine Eltern)*, etc.
  aber: **mio papà** *(mein Vater)*, **mia mamma** *(meine Mutter)*,
  mia sorella *(meine Schwester)*, **mio fratello** *(mein Bruder)*.

- vor **loro** steht immer der Artikel!

  La loro casa *(ihr Haus)*, **le loro sorelle** *(ihre Schwestern)*, etc.

Maskulin Singular	Plural	Feminin Singular	Plural
mio – *mein*	**miei** – *meine*	**mia** – *meine*	**mie** – *meine*
tuo – *dein*	**tuoi** – *deine*	**tua** – *deine*	**tue** – *deine*
suo, suo, Suo – *sein, ihr, Ihr*	**suoi, suoi, Suoi** – *seine, ihre, Ihre*	**sua, sua, Sua** – *seine, ihre, Ihre*	**sue, sue, Sue** – *seine, ihre, Ihre*
nostro – *unser*	**nostri** – *unsere*	**nostra** – *unsere*	**nostre** – *unsere*
vostro – *euer*	**vostri** – *eure*	**vostra** – *eure*	**vostre** – *eure*
loro – *ihre*	**loro** – *ihre*	**loro** – *ihre*	**loro** – *ihre*

Im Italienischen richten sich die Possessiva immer nach dem Besitz und nicht nach dem Besitzer. Aus diesem Grund gibt es keinen Unterschied zwischen den Pronomen *sein*, *ihr* und *Ihr*: **Il suo/Suo libro.** – *Sein/ihr/Ihr Buch.*

Lerntipp

Kennen Sie **Brainstorming**? Sie brauchen ein Blatt Papier und einen Stift. Schreiben Sie in der Mitte den Hauptbegriff. Um diesen Begriff herum zeichnen Sie Striche und schreiben Sie alle Wörter, die Sie mit diesem Begriff verbinden.

20 Die Familie und die Verwandten. Vervollständigen Sie die Sätze und schreiben Sie die Possessivpronomen dazu!

1. Mia mamma e mio papà sono ....
2. La figlia di mia sorella è ....
3. I figli dei miei figli sono ....
4. Il marito di mia sorella è ....
5. La figlia di mia zia è ....
6. La mamma di mio marito è ....

21 Vervollständigen Sie das Schema!

io	**1.** .... .borsa	il mio anello	le mie borse	i miei anelli
tu	**2.** .... camicia	**5.** .... cappello	le tue camicie	i tuoi cappelli
lui	la sua valigia	**6.** .... libro	le sue valigie	i suoi libri
lei	**3.** .... sorella	suo fratello	le sue sorelle	**9.** .... fratelli
Lei	la Sua penna	il Suo ombrello	**8.** .... penne	i Suoi ombrelli
noi	la nostra sedia	**7.** .... tavolo	le nostre sedie	i nostri tavoli
voi	la vostra macchina	il vostro lavoro	le vostre macchine	**10.** .... lavori
loro	**4.** .... bicicletta	il loro giardino	le loro biciclette	**11.** .... giardini

2.8 Pronomen

Im Italienischen stehen die Pronomen im Satz in der Regel immer vor dem konjugierten Verb.

- In Infinitivsätzen werden die Pronomen immer an den Infinitiv angehängt, z. B.:

  Vado in centro per comprarlo. – *Ich gehe ins Zentrum, um ihn/es zu kaufen.*

- Allerdings zusammen mit Modalverben können die Pronomen vor dem konjugierten Verb stehen oder direkt an den Infinitiv angehängt werden, z. B.:

  Lo posso comprare. oder **Posso comprarlo.** – *Ich kann ihn/es kaufen.*

Personalpronomen	**Reflexivpronomen**	**Direkte Pronomen** (Akkusativ)	**Indirekte Pronomen** (Dativ) unbetonte und betonte Formen	
io – *ich*	**mi** – *mich*	**mi** – *mich*	**mi** – *mir*	**... me**
tu – *du*	**ti** – *dich*	**ti** – *dich*	**ti** – *dir*	**... te**
lui – *er* **lei** – *sie* **Lei** – *Sie*	**si** – *sich*	**lo** – *ihn* **la** – *sie* **La** – *Sie*	**gli** – *ihm* **le** – *ihr* **Le** – *Ihnen*	**... lui** **... lei** **... Lei**
noi – *wir*	**ci** – *uns*	**ci** – *uns*	**ci** – *uns*	**... noi**
voi – *ihr*	**vi** – *euch*	**vi** – *euch*	**vi** – *euch*	**... voi**
loro – *sie*	**si** – *sich*	**li** – *sie (Pl. M.)* **le** – *sie (Pl. F.)*	**gli** – *ihnen*	**... loro**

Personalpronomen

Im Italienischen werden die **Personalpronomen** (io, tu, lui ...) normalerweise nicht verwendet. Wenn man aber das Personalpronomen hervorheben will, oder bei Gegenüberstellungen, oder wenn das Verb nicht eindeutig das Subjekt bestimmen kann, dann wird das Personalpronomen verwendet.

Tu hai fatto una bella foto. – *Du hast ein schönes Bild gemacht.*
Io vado spesso al cinema, lui no. – *Ich gehe oft ins Kino, er nicht.*
Credo che lui sia già partito. – *Ich glaube, er ist schon weggefahren.*

Reflexivpronomen

Direkte Pronomen (Akkusativ)

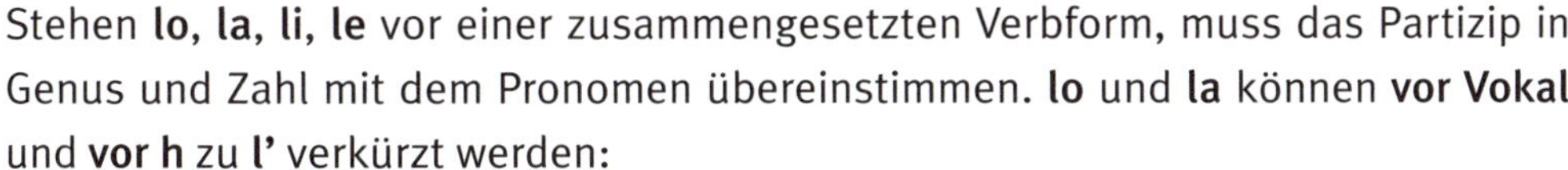

Stehen **lo, la, li, le** vor einer zusammengesetzten Verbform, muss das Partizip in Genus und Zahl mit dem Pronomen übereinstimmen. **lo** und **la** können **vor Vokal** und **vor h** zu **l'** verkürzt werden:

Ho comprato il libro. → **L'ho comprato.** – *Ich habe es (= das Buch) gekauft.*
Ho comprato la rivista. → **L'ho comprata.** –
Ich habe sie (= die Zeitschrift) gekauft.

Ho comprato i libri. → **Li ho comprati.** – *Ich habe sie (= die Bücher) gekauft.*
Ho comprato le riviste. → **Le ho comprate.** –
Ich habe sie (= die Zeitschriften) gekauft.

Indirekte Pronomen (Dativ)

Die indirekten Pronomen werden nie apostrophiert und bei zusammengesetzten Zeiten erfolgt keine Angleichung des Partizips.
Am häufigsten werden die unbetonten Formen verwendet.

Die betonten Formen werden dem Verb nachgestellt und man verwendet diese Formen in Zusammenhang mit Präpositionen.

Gli dico quello che penso. – *Ich sage ihm, was ich denke.*

(**Dico a lui quello che penso.** – *Ich sage ihm, was ich denke.*)

Vado da Carlo. Vado da lui. – *Ich gehe zu Carlo. Ich gehe zu ihm.*

Doppelte Pronomen (= Dativ + Akkusativ)

Im Italienischen steht, anders als im Deutschen, das indirekte vor dem direkten Pronomen. Treffen die indirekten Pronomen mit den direkten zusammen, dann haben sie folgende Formen:

+	lo	la	li	le
mi	**me lo**	**me la**	**me li**	**me le**
ti	**te lo**	**te la**	**te li**	**te le**
gli, le	**glielo**	**gliela**	**glieli**	**gliele**
ci	**ce lo**	**ce la**	**ce li**	**ce le**
vi	**ve lo**	**ve la**	**ve li**	**ve le**
gli	**glielo**	**gliela**	**glieli**	**gliele**

Die doppelten Pronomen mit **lo** und **la** können apostrophiert werden und bei zusammengesetzten Zeiten erfolgt die Angleichung an das Partizip:

Mi hai comprato il giornale? – Sì, te l'ho comprato.

Hast du mir die Zeitung gekauft? – Ja, ich habe sie dir gekauft.

Mi hai comprato la rivista? – Sì, te l'ho comprata.

Hast du mir die Zeitschrift gekauft? – Ja, ich habe sie dir gekauft.

Mi hai comprato i giornali? – Sì, te li ho comprati.

Mi hai comprato le riviste? – Sì, te le ho comprate.

22 Fügen Sie die passenden Pronomen ein!

1. Domani ...... compro. (il giornale)
2. Oggi .... spedisco. (i pacchi)
3. Quando .... vedi? (Davide)
4. Che cosa ..... regaliamo? (a Davide e a Simona)
5. .... regalo un CD. (a Simona)
6. ..... vedo domani sera. (Paolo e Davide)

23 Doppelte Pronomen. Kreuzen Sie die richtige Lösung an!

1. Mi puoi comprare il giornale? .... puoi comprare?

   ❑ me li ❑ glielo ❑ me lo

2. Domani ti spedisco i pacchi. Domani .... spedisco.

   ❑ ce li ❑ te li ❑ me lo

3. Noi abbiamo regalato un CD a Simona. .... abbiamo regalato.

   ❑ ce lo ❑ glielo ❑ gliela

4. Vi porto il computer nuovo. .... porto.

   ❑ ve lo ❑ ce lo ❑ me lo

2.9 Italienische Verben mit Dativ/Akkusativ

Es gibt bestimmte Verben, die im Italienischen den Dativ verlangen, im Deutschen jedoch den Akkusativ, und andere wiederum im Italienischen den Akkusativ, im Deutschen jedoch den Dativ. Alles klar?! Hier die Übersicht:

Dativ: **chiedere a** qualcuno – Gli chiedo quando ha tempo. – *Ich frage ihn, wann er Zeit hat.*	(**A** chi? *Wem?* – **A** ist das Zeichen für den Dativ.)
Akkusativ: **aiutare** qualcuno – Lo aiuto volentieri. – *Ich helfe ihm gerne.*	(Chi? *Wen?*)

Dativ im Italienischen, aber Akkusativ im Deutschen:

chiedere qualcosa **a** qualcuno	*jmd. etwas fragen*
domandare qualcosa **a** qualcuno	*jmd. etwas fragen*
telefonare a qualcuno	*jmd. anrufen*
voler(e) bene a qualcuno	*jmd. gern(e) haben*

Akkusativ im Italienischen, aber Dativ im Deutschen:

aiutare qualcuno	*jmd.. helfen*
ascoltare qualcuno	*jmd. zuhören*
licenziare qualcuno	*jmd. kündigen*
perdonare qualcuno	*jmd. verzeihen*
ringraziare qualcuno	*jmd. danken*
seguire qualcuno	*jmd. folgen/verfolgen*

24 Kreuzen Sie an, welche Pronomen diese Verben verlangen!

1. aiutare qualcuno
- **a** ❑ diretto
- **b** ❑ indiretto

2. ascoltare qualcuno
- **a** ❑ diretto
- **b** ❑ indiretto

3. voler bene a qualcuno
- **a** ❑ diretto
- **b** ❑ indiretto

4. telefonare a qualcuno
- **a** ❑ diretto
- **b** ❑ indiretto

5. chiedere a qualcuno
- **a** ❑ diretto
- **b** ❑ indiretto

6. ringraziare qualcuno
- **a** ❑ diretto
- **b** ❑ indiretto

25 Übersetzen Sie die Sätze!

1. Ich habe ihn heute Morgen angerufen.

....

2. Kannst du ihn fragen, wie viel die Karte kostet?

....

3. Heute Nachmittag helfe ich ihr.

....

4. Sie haben ihm nicht gekündigt.

....

5. Ich danke Ihnen.

....

6. Der Hund hat sie bis nach Hause verfolgt.

....

2.10 *Passato prossimo*

Das **passato prossimo** bildet man folgendermaßen:
Indikativ Präsens von **essere/avere** + Partizip Perfekt des Verbs.
Das Partizip Perfekt der regelmäßigen Verben lautet:
-are → **-ato** (**parlare** – *sprechen* → **parlato** – *gesprochen*)
-ere → **-uto** (**avere** – *haben* → **avuto** – *gehabt*)
-ire → **-ito** (**sentire** – *hören* → **sentito** – *gehört*)

Im Italienischen werden Hilfsverb und Partizip Perfekt, anders als im Deutschen, nie getrennt:

Ho sentito una bella canzone. – *Ich habe ein schönes Lied gehört.*

Unregelmäßige Partizipien

Hier eine Liste der am meisten verwendeten unregelmäßigen Partizipien:

accendere	*anschalten*	**acceso**
appendere	*aufhängen*	**appeso**
aprire	*öffnen*	**aperto**
bere	*trinken*	**bevuto**
chiedere	*fragen*	**chiesto**
chiudere	*schließen*	**chiuso**
decidere	*entscheiden*	**deciso**
dire	*sagen*	**detto**
essere/stare	*sein*	**stato**
fare	*machen*	**fatto**
leggere	*lesen*	**letto**
mettere	*stellen/legen/setzen*	**messo**

morire	*sterben*	**morto**
nascere	*geboren werden*	**nato**
offrire	*anbieten*	**offerto**
perdere	*verlieren*	**perso**
piangere	*weinen*	**pianto**
prendere	*nehmen*	**preso**
ridere	*lachen*	**riso**
rimanere	*bleiben*	**rimasto**
rispondere	*antworten*	**risposto**
rompere	*kaputtmachen*	**rotto**
scrivere	*schreiben*	**scritto**
spegnere	*ausschalten*	**spento**
spendere	*ausgeben*	**speso**
succedere	*geschehen*	**successo**
vedere	*sehen*	**visto**
venire	*kommen*	**venuto**
vincere	*gewinnen*	**vinto**

Veränderlichkeit des Partizip Perfekts

In der Regel bleibt das Partizip Perfekt in Verbindung mit **avere** unverändert:

Io	**ho**	**parlato.**
Tu	**hai**	
Lui/Lei/Lei	**ha**	
Noi	**abbiamo**	
Voi	**avete**	
Loro	**hanno**	

– Ich habe gesprochen, du hast gesprochen usw.

Das Partizip Perfekt in Verbindung mit **essere** stimmt in Genus und Zahl mit dem Subjekt überein:

Io	**sono**	**tornato/-a.**
Tu	**sei**	
Lui/Lei/Lei	**è**	
Noi	**siamo**	**tornati/-e.**
Voi	**siete**	
Loro	**sono**	

– Ich bin zurückgekehrt, du bist zurückgekehrt usw.

Passato prossimo und reflexive Verben

Das passato prossimo der reflexiven Verben wird im Italienischen IMMER mit dem Hilfsverb **essere** gebildet!

Oggi mi sono riposato/-a sul divano.
– Heute habe ich mich auf dem Sofa ausgeruht.
Oggi ci siamo riposati/-e sul divano.
– Heute haben wir uns auf dem Sofa ausgeruht.

Passato prossimo und Modalverben

Das passato prossimo in Verbindung mit Modalverben bildet man folgendermaßen:

1. Die Modalverben werden ins Partizip Perfekt gesetzt:

dovere	*müssen/sollen*	**dovuto**
potere	*können/dürfen*	**potuto**
volere	*wollen*	**voluto**

2. Das begleitende Verb bleibt im Infinitiv und das Hilfsverb (**essere** oder **avere**) des Verbs im Infinitiv wird übernommen.
   Bei **avere** bleibt das Partizip unverändert:

Io	**ho**	**dovuto** **potuto** **voluto**	**disdire il viaggio.**
Tu	**hai**		
Lui/Lei/Lei	**ha**		
Noi	**abbiamo**		
Voi	**avete**		
Loro	**hanno**		

– *Ich musste/sollte/durfte/konnte/wollte die Reise absagen.*

Bei **essere** verändert sich das Partizip folgendermaßen:

Io	**sono**	**dovuto/-a** **potuto/-a** **voluto/-a**	**tornare.**
Tu	**sei**		
Lui/Lei/Lei	**è**		
Noi	**siamo**	**dovuti/-e** **potuti/-e** **voluti/-e**	
Voi	**siete**		
Loro	**sono**		

– *Ich musste/sollte/durfte/konnte/wollte zurückkehren.*

Passato prossimo mit dem Hilfsverb *essere*

Im Gegensatz zum Deutschen bilden folgende Verben das passato prossimo immer mit dem Hilfsverb **essere**:

piacere	*gefallen, schmecken, mögen*	**piaciuto**
costare	*kosten*	**costato**
sembrare	*scheinen*	**sembrato**
bastare	*ausreichen (genug sein)*	**bastato**

Als Beispiel finden Sie hier Sätze mit dem Verb **piacere**:

Il concerto mi è piaciuto. – *Das Konzert hat mir gefallen.*
I film mi sono piaciuti. – *Die Filme haben mir gefallen.*
La festa mi è piaciuta. – *Die Party hat mir gefallen.*

Im Gegensatz zum Deutschen bilden folgende Verben das passato prossimo immer mit dem Hilfsverb **avere**:

viaggiare	*reisen*	**viaggiato**
camminare	*gehen/laufen*	**camminato**
nuotare	*schwimmen*	**nuotato**
sciare	*Ski fahren*	**sciato**
guidare	*steuern/lenken/führen*	**guidato**

Ho camminato tutto il giorno. – *Ich bin den ganzen Tag gelaufen.*
Abbiamo viaggiato in prima classe. – *Wir sind in der ersten Klasse gereist.*

Passato prossimo: mit dem Hilfsverb *essere* oder *avere*?

Manche Verben wie **iniziare** *(anfangen)*, **cominciare** *(beginnen)*, **finire** *(beenden)*, **guarire** *(heilen)*, **salire** *(hinaufgehen/einsteigen)*, **scendere** *(hinuntergehen/aussteigen)*, **cambiare** *(wechseln/ändern)*, **aumentare** *(steigern/erhöhen)* können transitiv oder intransitiv gebraucht werden.
Werden sie transitiv verwendet, dann folgt ein Objekt (Akkusativobjekt) oder eine Infinitivkonstruktion und das **passato prossimo** wird mit dem Hilfsverb **avere** gebildet.
Transitiv: **Il professore ha iniziato la lezione.** – *Der Lehrer hat den Unterricht angefangen.*
Werden sie intransitiv verwendet, dann folgt kein Objekt und das **passato prossimo** wird mit dem Hilfsverb **essere** gebildet.
Intransitiv: **La lezione è iniziata.** – *Der Unterricht hat angefangen.*

26 Finden Sie die Partizip-Formen im Gitternetz und schreiben Sie den Infinitiv auf!

P	R	F	V	R	V
L	S	A	I	I	E
A	P	T	N	S	N
D	E	T	T	O	U
T	S	O	O	L	T
R	O	T	T	O	O

1. ....
2. ....
3. ....
4. ....
5. ....
6. ....
7. ....

27 Was hat Francesca gestern gemacht?

Alle 7:00 **1.** aufstehen .... Alle 7:10 **2.** sich duschen ...., **3.** abtrocknen .... e **4.** sich anziehen .... Alle 7:30 **5.** trinken .... un caffè. Poi **6.** sich anziehen .... la giacca ed **7.** ausgehen .... per andare al lavoro.

28 Schreiben Sie die Sätze mit *potere, volere, dovere* im *passato prossimo*!

1. Loro (m.) non potere .... venire alla festa.

2. Perché (voi – m.) volere .... partire così presto?

3. Noi (m.) dovere .... camminare per due ore.

4. Patrizia volere .... studiare per il compito.

5. Lui dovere .... mettere in ordine la sua camera.

29 *Essere* oder *avere*? Schreiben Sie das richtige Hilfsverb auf!

1. Il libro .... costato troppo.

2. Il film .... cominciato da un'ora.

3. (Io) .... appena cominciato a leggere il giornale.

4. Mi .... sembrata una persona in gamba.

5. Giorgio .... finito il gelato.

6. Il gelato .... finito.

Wussten Sie schon?

Essere in gamba heißt auf Deutsch *auf Draht sein.*

2.11 *Passato prossimo* oder *imperfetto*?

Die zwei gängigsten Vergangenheitsformen im Italienischen sind das Perfekt (*passato prossimo*) und das Imperfekt (*imperfetto*). Aber wann benutzt man welche? Hier ein Leitfaden für den Gebrauch des **passato prossimo** und des **imperfetto**.

Passato prossimo	Imperfetto
• abgeschlossene Handlung **Ieri sono andata in montagna.** *– Gestern bin ich in die Berge gefahren.* • einmalige Handlungen **Ieri Giulia ha fatto una torta buonissima.** *– Gestern hat Giulia einen sehr leckeren Kuchen gebacken.* • kurze Zustände, die abgeschlossen sind **Ieri ha piovuto.** *– Gestern hat es geregnet.* Signalwörter: **prima ... poi ...** *(vorher ... nachher ...)* **un giorno ...** *(eines Tages ...)* **all'improvviso ...** *(plötzlich ...)*	• wiederholte und gewohnheitsmäßige Handlungen **Giulia faceva delle torte buonissime.** *– Giulia backte sehr leckere Kuchen.* **In vacanza andavo sempre in montagna.** *– Im Urlaub fuhr ich immer in die Berge.* • lange Zustände **Ieri pioveva.** *– Gestern regnete es.* • kurze Zustände, die nicht abgeschlossen sind **Ieri pioveva tutto il giorno e anche oggi.** *– Gestern regnete es den ganzen Tag und heute auch.* • Beschreibung von Personen, Sachen, Eigenschaften, Gefühlen, Situationen **Era gentile, alto e magro. Era felice.** *– Er war höflich, groß und schlank. Er war glücklich.* **Ieri faceva bel tempo.** *– Gestern war schönes Wetter.* Signalwörter: **mentre ...** *(während ...)* **di solito ...** *(für gewöhnlich ...)* **normalmente ...** *(normalerweise ...)* **sempre ...** *(immer ...)*

Passato prossimo oder imperfetto?

Wenn es im gleichen Satz zwei vergangene Handlungen gibt, die gleichzeitig geschehen sind, haben wir drei Möglichkeiten:

1. zwei parallel ablaufende Handlungen von gleicher Länge:
   - Imperfetto **Mentre stiravo, +**
   - Imperfetto **Paolo studiava.**
   - *Während ich bügelte, lernte Paolo.*

2. zwei gleich kurze Handlungen:
   - Passato prossimo **Quando Marco è arrivato, +**
   - Passato prossimo **lo abbiamo salutato.**
   - *Als Marco ankam, haben wir ihn begrüßt.*

3. eine lange Handlung, während derer eine kurze Handlung passierte:
   - Imperfetto **Mentre mangiavo, +**
   - Passato prossimo **è suonato il telefono.**
   - *Während ich aß, hat das Telefon geklingelt.*

Sapere und *conoscere*

Sapere und **conoscere** haben jeweils zwei verschiedene Bedeutungen, je nachdem, ob sie im **passato prossimo** oder im **imperfetto** stehen.

Ho saputo che sei arrivata. *Ich habe erfahren, dass du angekommen bist.*	**Non sapevo che tu sapessi cantare così bene.** *Ich wusste nicht, dass du so gut singen kannst.*
Ho conosciuto i miei nuovi vicini di casa. *Ich habe meine neuen Nachbarn kennengelernt.*	**Conoscevo già il posto.** *Ich kannte den Ort schon.*

30 Kreuzen Sie die richtige Verbform an!

1. Dante Alighieri .... la Divina Commedia.
   - a ❑ ha scritto
   - b ❑ scriveva
2. Mentre ...., Caravaggio non voleva essere guardato.
   - a ❑ ha dipinto
   - b ❑ dipingeva
3. Guglielmo Marconi .... la radio.
   - a ❑ ha inventato
   - b ❑ inventava
4. Leonardo da Vinci diceva che dormire .... uno spreco di tempo *(Zeitverschwendung)*.
   - a ❑ è stato
   - b ❑ era

31 Übersetzen Sie die Sätze!

1. Während er frühstückte, hörte er immer Radio.

   ....

2. Während wir schwammen, haben wir einen Fisch gesehen.

   ....

3. Als sie den Ball geworfen hat, ist der Hund angekommen.

   ....

4. Während sie schliefen, haben wir einen Kuchen gebacken.

   ....

5. Ich wusste nicht, dass du so gut Italienisch sprichst.

   ....

6. Er kannte diese Methode nicht.

   ....

2.12 Gerundium

Bildung und Gebrauch

Das Gerundium (oft auch Verlaufsform genannt) drückt aus, dass etwas gerade passiert. Es ist einfach zu bilden: stare + Gerundium.

Das Gerundium der Verben auf **-are** bildet man mit der Endung **-ando**.

Das Gerundium der Verben auf **-ere** und **-ire** bildet man mit der Endung **-endo**.

	stare +	parlare *sprechen*	vedere *sehen*	sentire *hören/spüren/ fühlen*	finire *beenden*
io	sto	parl **-ando**	ved **-endo**	sent **-endo**	fin **-endo**
tu	stai				
lui/lei/Lei	sta				
noi	stiamo				
voi	state				
loro	stanno				

– Ich spreche/sehe/höre/beende gerade …

Ausnahmen!

fare *(machen)* → **facendo**; dire *(sagen)* → **dicendo**; bere *(trinken)* → **bevendo**.

Stare per + Infinitiv

Mit sto per + Infinitiv drückt man aus, dass die Handlung kurz bevorsteht.

Io	sto	**per parlare.** **per vedere un film.** **per sentire una canzone.**
Tu	stai	
Lui/Lei/Lei	sta	
Noi	stiamo	
Voi	state	
loro	stanno	

– Ich bin kurz davor, zu sprechen/ einen Film zu sehen/ein Lied zu hören.

32 Was machen diese Personen? Übersetzen Sie die Sätze!

1. Ich schließe gerade das Fenster.

....

2. Ich bin kurz davor, das Fenster zu schließen.

....

3. Ich lese gerade die Zeitung.

....

4. Wir tanzen gerade.

....

....

5. Er macht gerade die Hausaufgaben.

....

....

Lerntipp

Scheuen Sie sich nicht, in einer anderen Sprache zu sprechen und Fehler zu machen. Finden Sie einen muttersprachlichen Konversationspartner. So können Sie die Sprache trainieren und sich mit Spaß verbessern, denn **sbagliando si impara** – *durch Fehler wird man klug!*

2.13 Konjunktiv

Was dem Deutschen sein Genitiv ist dem Italiener sein Konjunktiv.

Gebrauch des *congiuntivo presente*

Der Konjunktiv im Italienischen hat andere Funktionen als der deutsche Konjunktiv. Im Italienischen gibt es klare Regeln zu seinem Gebrauch. Der Konjunktiv wird durch bestimmte Ausdrücke und Verben ausgelöst und meist durch **che** eingeleitet.
Der Konjunktiv steht nach:

– Ausdrücken der persönlichen Meinung wie:
credo che … *(ich glaube, dass)*, **penso che …** *(ich denke, dass)*

– Ausdrücken der Hoffnung und des Wollens wie:
spero che … *(ich hoffe, dass)*, **voglio che …** *(ich will, dass)*, **preferisco che …** *(ich bevorzuge, dass)*

– Ausdrücken der Unsicherheit wie:
mi sembra che … *(mir scheint, dass)*, **non sono sicuro che …** *(ich bin mir nicht sicher, dass)*

– Ausdrücken der Gefühlsäußerung wie:
sono contento che … *(ich freue mich, dass)*, **ho paura che …** *(ich habe Angst, dass)*

– unpersönlichen Ausdrücken wie:
è giusto che … *(es ist richtig, dass)*, **è importante che …** *(es ist wichtig, dass)*, **è necessario che …** *(es ist notwendig, dass)*, **è uno scandalo che …** *(es ist ein Skandal, dass)*, **è strano che …** *(es ist komisch, dass)*, **è assurdo che …** *(es ist absurd, dass)*, **è probabile che …** *(es ist wahrscheinlich, dass)* usw.

– und nach:
sebbene/nonostante/benché *(obwohl)*, **a meno che** *(es sei denn)*, **senza che** *(ohne dass)*, **prima che** *(bevor)*, **chiunque** *(wer auch immer)*, **qualunque/qualsiasi** *(welche/r/s / was auch immer)*, **comunque** *(wie auch immer)*, **dovunque** *(wo auch immer)*.

Die Singularformen des Konjunktiv Präsens sind alle gleich. Deswegen wird das Personalpronomen hinzugefügt, um Missverständnissen vorzubeugen.

Kein Konjunktiv!

In diesen Fällen wird kein Konjunktiv verwendet:

1. Nach Ausdrücken wie z. B. **secondo me** *(meiner Meinung nach)* und **per me** *(für mich)*.

   Secondo me lui ha la febbre. – *Meiner Meinung nach hat er Fieber.*

2. Wenn das Subjekt in Hauptsatz und Nebensatz gleich ist.

   Credo di avere la febbre. – *Ich glaube, ich habe Fieber.*

   Aber: **Credo che lui abbia la febbre.** – *Ich glaube, er hat Fieber.*

3. Nach: **forse** *(vielleicht)*, **probabilmente** *(wahrscheinlich)*, **dopo che** *(nachdem)*.

Konjunktiv von *essere* und *avere*

		essere – *sein*	avere – *haben*
che	io	sia	abbia
	tu		
	lui/lei/Lei		
	noi	siamo	abbiamo
	voi	siate	abbiate
	loro	siano	abbiano

Konjunktiv der regelmäßigen Verben

		parlare *sprechen*	**prendere** *nehmen*	**sentire** *hören/fühlen/spüren*	**capire** *verstehen*
che	io tu lui/lei/Lei	parl -i	prend -a	sent -a	cap -isc -a
	noi	parl -iamo	prend -iamo	sent -iamo	cap -iamo
	voi	parl -iate	prend -iate	sent -iate	cap -iate
	loro	parl -ino	prend -ano	sent -ano	cap -isc -ano

Bei Verben auf **-care** und **-gare** wird zwischen Stamm und Endung ein **-h-** eingefügt, um den Lautwert in der Aussprache beizubehalten.

cercare *(suchen)*: **che io, tu, lui/lei/Lei cerchi, che noi cerchiamo, che voi cerchiate, che loro cerchino**

pagare *(bezahlen)*: **che io, tu, lui/lei/Lei paghi, che noi paghiamo, che voi paghiate, che loro paghino**

Konjunktiv der Modalverben

		dovere *müssen/sollen*	**potere** *können/dürfen*	**volere** *wollen*
che	io tu lui/lei/Lei	debba	possa	voglia
	noi	dobbiamo	possiamo	vogliamo
	voi	dobbiate	possiate	vogliate
	loro	debbano	possano	vogliano

Konjunktiv der unregelmäßigen Verben

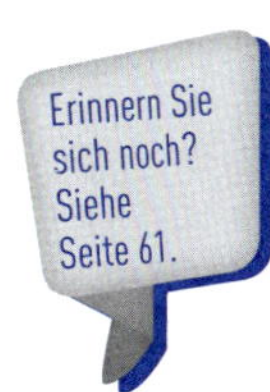

Als Faustregel gilt: Aus der ersten Person Singular des **presente indicativo** der unregelmäßigen Verben werden die Konjunktivformen abgeleitet, z. B.:

fare *(machen)*: **io faccio → che io faccia**
andare *(gehen/fahren)*: **io vado → che io vada**
venire *(kommen)*: **io vengo → che io venga**
uscire *(ausgehen)*: **io esco → che io esca**

Andere unregelmäßige Verben werden so konjugiert:

dire *(sagen)*: **che io, tu, lui, lei, Lei dica, che noi diciamo, che voi diciate, che loro dicano**
sapere *(wissen/können)*: **che io, tu, lui/lei/Lei sappia, che noi sappiamo, che voi sappiate, che loro sappiano**
stare *(bleiben/sich befinden)*: **che io, tu, lui/lei/Lei stia, che noi stiamo, che voi stiate, che loro stiano**
dare *(geben)*: **che io, tu, lui/lei/Lei dia, che noi diamo, che voi diate, che loro diano**

Lerntipp

Val più la pratica della grammatica. *Probieren geht über Studieren!* Die Praxis und das Üben bringen mehr als die Theorie! Sprechen Sie im diesem Sinne so viel Sie können! Bilden Sie eine kleine Gruppe, treffen Sie sich regelmäßig und sprechen Sie zusammen über aktuelle Themen, die Sie interessant finden: Literatur, Kino, Reise, Natur, Essen, Mode usw.

33 Vervollständigen Sie die Tabelle!

		essere	avere	dire	fare
che	io tu lui/lei/Lei	1.	abbia	5.	faccia
	noi	siamo	3.	diciamo	facciamo
	voi	siate	abbiate	6.	facciate
	loro	2.	4.	dicano	7. ....

34 Kreuzen Sie das richtige Verb an und setzen Sie es im Satz ein!

1. Spero che l'esame .... bene.

- **a** ❑ va
- **b** ❑ vada
- **c** ❑ andare

2. Penso che .... un bel film.

- **a** ❑ è
- **b** ❑ sia
- **c** ❑ sono

3. Crediamo che lui .... la verità.

- **a** ❑ dico
- **b** ❑ dia
- **c** ❑ dica

4. Nonostante .... molto freddo, andiamo al mare.

- **a** ❑ fa
- **b** ❑ faccia
- **c** ❑ faccio

5. Probabilmente .... molto traffico.

- **a** ❑ ha trovato
- **b** ❑ troviate
- **c** ❑ trovino

6. Credo che .... studiando.

- **a** ❑ sta
- **b** ❑ stia
- **c** ❑ stare

Typische Fehlerquellen in der Grammatik – kurz und knapp

Artikel

Es gibt drei Artikelformen:

1. den bestimmten Artikel (**il, lo, la, l', i, gli, le**),
2. den unbestimmten Artikel (**un, uno, una, un'**) und
3. den Teilungsartikel. Den Teilungsartikel bildet man durch die Verschmelzung der Präposition **di** mit dem bestimmten Artikel des nachfolgenden Substantivs.

Substantive

- Alle Wörter, die mit
  1.) einem Akzent oder
  2.) einem Konsonanten enden, und
  3.) alle einsilbigen Wörter verändern sich im Plural NICHT.
- Anglizismen behalten ihre Form auch im Plural.
- Substantive, die in ihrer verkürzten Form verwendet werden, bleiben in der Pluralform unverändert: **la bici(cletta) – le bici(clette)** *(das Fahrrad – die Fahrräder)*.
- Einige italienische Substantive stehen nur in der Pluralform: **i pantaloni** *(die Hose)*.

Außerdem gibt es:

- **Substantive mit unregelmäßigen Singular- und Pluralformen,** wie z. B.: **il problema – i problemi** *(das Problem – die Probleme)*;
- **Substantive mit zwei Geschlechtern und zwei Bedeutungen**, wie z. B.: **il capitale – la capitale** *(das Kapital – die Hauptstadt)*;
- **Abweichungen im Geschlecht der Substantive (Deutsch/Italienisch),** wie z. B.: **il sole** *(die Sonne)*.
- Substantive auf **-co** 1.) mit Betonung auf der vorletzten Silbe bilden die Pluralform auf **-chi: tedesco** → **tedeschi** *(Deutscher – Deutsche)*; 2.) mit Betonung auf der drittletzten Silbe bilden die Pluralform auf **-ci: tecnico** → **tecnici** *(Techniker – Techniker)*.
- Substantive auf **-go** bilden die Pluralform auf **-ghi: lago** → **laghi** *(See – Seen)*.

- Substantive auf **-logo** bilden die Pluralform 1.) bei Personen auf **-logi**: **psicologo** → **psicologi** *(Psychologe – Psychologen)*; 2.) bei Sachen auf **-loghi**: **dialogo** → **dialoghi** *(Dialog – Dialoge)*.
- Substantive auf **-ca** und **-ga** bilden die Pluralform auf **-che** und **-ghe**: **amica** → **amiche** *(Freundin – Freundinnen)*.
- Substantive auf **-cia** und **-gia** 1.) mit **betontem** **-i** bilden die Pluralform auf **-cie/-gie**: **allergia** → **allergie** *(Allergie – Allergien)*; 2.) mit **unbetontem** **-i** nach einem Konsonanten bilden die Pluralform auf **-ce/-ge**: **arancia** → **arance** *(Apfelsine – Apfelsinen)*; 3.) nach Vokalen bilden sie die Pluralform auf **-cie/-gie/-ge**: **camicia** → **camicie** *(Hemd – Hemden)*, **valigia** → **valigie/valige** *(Koffer – Koffer)*.

Adjektive und Adverbien

Unveränderliche Adjektive:

- Farbbezeichnungen wie **blu, rosa, viola** usw.
- Wenn auf eine Farbbezeichnung **chiaro** oder **scuro** folgt, dann bleibt das Adjektiv im Allgemeinen unverändert: **i pantaloni rosso scuro/chiaro** *(die dunkel-/hellrote Hose)*.
- Fremdwörter: **beige, standard** usw.

Adjektive auf *-co, -ca, -go, -ga*

Hier gelten die gleichen Regeln wie bei den Substantiven.

Die Adjektive *bello* und buono

Buono verhält sich vor einem Substantiv wie der unbestimmte Artikel: **È un buon caffè.** *(Das ist ein guter Kaffee.)*

Bello verhält sich vor einem Substantiv wie der bestimmte Artikel: **Ho letto un bel libro.** *(Ich habe ein schönes Buch gelesen.)*

Stellung der Adjektive

Wenn das Adjektiv **vor** einem Substantiv steht, hat es eine **beschreibende** Funktion.
Wenn das Adjektiv **nach** einem Substantiv steht, hat es eine **unterscheidende** Funktion.

1. Adjektive werden immer **voran**gestellt als: a) Possessiva; b) Demonstrativa; c) Indefinita
2. Adjektive werden immer **nach**gestellt bei: a) Nationalitäten; b) Farben; c) religiösen und politischen Zugehörigkeiten; d) mehrsilbigen Adjektiven.

buono, bene, cattivo, male

Buono und **cattivo** sind Adjektive, sie sind veränderlich und richten sich nach dem Substantiv.
Bene und **male** sind Adverbien, sie sind unveränderlich und begleiten ein Verb.

Präpositionen

• **DI** + Herkunft; • Um den Genitiv anzugeben; • Zur Bildung der zusammengesetzten Wörter; • + Material und Stoffe; • Um Mengen anzugeben
• **A** + Städte; • Um den Dativ anzugeben; • Um die Uhrzeit anzugeben
• **DA** Bei jemandem sein oder *zu* jemandem gehen; • Um die Herkunft mit dem Verb *venire* anzugeben; • Zur Bildung der zusammengesetzten Wörter, die einen Zweck ausdrücken
• **IN** + Länder; • + Regionen; • + Verkehrsmittel; • + Straßennamen; • + Wörter, die mit **-ria** und **-teca** enden; • + Angabe von Jahreszeiten, Monaten, Jahreszahlen und Jahrhunderten; • + größere Inseln
• **CON** + Verkehrsmittel
• **SU** Um die Berührung von oben auszudrücken
• **PER** Um eine Richtung anzugeben (überprüfen!)
• **TRA/ FRA** In der Bedeutung von *zwischen*; • In der Bedeutung von *in* (zeitlich)
→ Manche Verben werden normalerweise von einer bestimmten Präposition begleitet, diese ist oft anders als im Deutschen, z. B.: **finire di fare qualcosa** – *etw. beenden*.
→ Die Präpositionen **di, a, da, in, su** können mit den Artikeln verschmelzen.

Verben: Präsens

- Bei Verben, die auf **-gare** und **-care** enden, wird in der 2. Person Singular und in der 1. Person Plural der Buchstabe **-h-** eingefügt, um den Lautwert zu erhalten.
- Bei manchen Verben auf -ire – wie z. B. **finire** *(beenden)* – wird ein **-isc-** im Singular und in der 3. Person Plural eingesetzt.

Reflexive Verben

Manche Verben sind im Italienischen reflexiv, im Deutschen aber nicht – z. B. **chiamarsi** *(heißen)* –, dann wiederum gibt es Verben, die im Deutschen reflexiv sind, nicht aber im Italienischen, wie z. B. **ringraziare** *(sich bedanken)*.

Verneinung

Non = *nicht* und *kein*. In der italienischen Sprache steht **non** immer vor 1. dem konjugierten Verb und 2. vor den Pronomen.

Possessivpronomen

- man setzt immer den Artikel vor die Possessiva – außer bei Verwandtschaftsbezeichnungen im Singular.
- vor **loro** steht immer der Artikel!

Pronomen

- Im Italienischen stehen die Pronomen im Satz in der Regel vor dem konjugierten Verb.
- Zusammen mit Modalverben können die Pronomen vor dem konjugierten Verb stehen oder direkt an den Infinitiv angehängt werden.
- Stehen **lo, la, li, le** vor einer zusammengesetzten Verbform, muss das Partizip in Genus und Zahl mit dem Pronomen übereinstimmen.
- Die indirekten Pronomen werden nie apostrophiert und bei zusammengesetzten Zeiten erfolgt keine Angleichung des Partizips.

- Beim doppelten Pronomen steht im Italienischen, anders als im Deutschen, das indirekte vor dem direkten Pronomen.

Italienische Verben mit Dativ/Akkusativ

Es gibt bestimmte Verben, die im Italienischen den Dativ verlangen, im Deutschen jedoch den Akkusativ – wie z. B. **chiedere qualcosa a qualcuno** *(jmd etwas fragen)* –, und andere wiederum im Italienischen den Akkusativ, im Deutschen jedoch den Dativ, wie z. B. **aiutare qualcuno** *(jmd helfen)*.

Passato prossimo

Das **passato prossimo** bildet man folgendermaßen: Indikativ Präsens von **essere/avere** + Partizip Perfekt des Verbs. Das Partizip Perfekt der regelmäßigen Verben lautet:
-are → **-ato** (**parlare** – *sprechen* → **parlato** – *gesprochen*)
-ere → **-uto** (**avere** – *haben* → **avuto** – *gehabt*)
-ire → **-ito** (**sentire** – *hören* → **sentito** – *gehört*)
In der Regel bleibt das Partizip Perfekt in Verbindung mit **avere** unverändert.
In der Regel stimmt das Partizip Perfekt in Verbindung mit **essere** in Genus und Zahl mit dem Subjekt überein.

- ***Passato prossimo* und reflexive Verben**

Das **passato prossimo** der reflexiven Verben wird im Italienischen IMMER mit dem Hilfsverb **essere** gebildet!

- ***Passato prossimo* und Modalverben**

Das begleitende Verb bleibt im Infinitiv und das Hilfsverb (**essere** oder **avere**) des Verbs im Infinitiv wird übernommen. Bei **avere** bleibt das Partizip unverändert.

- ***Passato prossimo*: immer mit dem Hilfsverb *essere*** bei:

piacere	*gefallen, schmecken, mögen*	**piaciuto**
costare	*kosten*	**costato**
sembrare	*scheinen*	**sembrato**
bastare	*ausreichen (genug sein)*	**bastato**

- ***Passato prossimo*: immer mit dem Hilfsverb *avere* bei:**

viaggiare	*reisen*	**viaggiato**
camminare	*gehen/laufen*	**camminato**
nuotare	*schwimmen*	**nuotato**
sciare	*Ski fahren*	**sciato**
guidare	*steuern/lenken/führen*	**guidato**

- ***Passato prossimo*: mit dem Hilfsverb *essere* oder *avere*?**

Iniziare *(anfangen)*, **cominciare** *(beginnen)*, **finire** *(beenden)*, **guarire** *(heilen)*, **salire** *(hinaufgehen/einsteigen)*, **scendere** *(hinuntergehen/aussteigen)*, **aumentare** *(steigern/erhöhen)*, **cambiare** *(wechseln/ändern)* können transitiv oder intransitiv gebraucht werden. Werden sie transitiv verwendet, dann folgt ein Objekt (Akkusativobjekt) oder eine Infinitivkonstruktion und das **passato prossimo** wird mit dem Hilfsverb **avere** gebildet. Werden sie intransitiv verwendet, dann folgt kein Objekt und das **passato prossimo** wird mit dem Hilfsverb **essere** gebildet. Ein Beispiel: **Paolo è cambiato molto.** *(Paolo hat sich sehr verändert.)* / **Paolo ha cambiato lavoro.** *(Paolo hat die Arbeit gewechselt.)*

Passato prossimo oder *imperfetto*?

***passato prossimo* bei:**	***imperfetto* bei:**
• abgeschlossene Handlungen • einmaligen Handlungen • kurzen Zuständen, die abgeschlossen sind	• sich wiederholende und gewohnheitsmäßigen Handlungen • langen Zuständen • Beschreibung von Personen, Sachen, Eigenschaften, Gefühlen, Situationen
Signalwörter: **prima ... poi ...** *(vorher ... nachher ...)* **un giorno ...** *(eines Tages ...)* **all'improvviso ...** *(plötzlich ...)*	Signalwörter: **mentre ...** *(während ...)* **di solito ...** *(für gewöhnlich ...)* **normalmente ...** *(normalerweise ...)* **sempre ...** *(immer ...)*

***Sapere* und *conoscere* in *passato prossimo* und im *imperfetto* = zwei Bedeutungen!**

Ho saputo = *Ich habe erfahren* | **Sapevo** = *Ich wusste*
Ho conosciuto = *Ich habe kennengelernt* | **Conoscevo** = *Ich kannte*

Gerundium

Das Gerundium der Verben auf **-are** bildet man mit der Endung **-ando**. Das Gerundium der Verben auf **-ere** und **-ire** bildet man mit der Endung **-endo**.

***Stare per* + Infinitiv**

Mit **sto per** + Infinitiv drückt man aus, dass die Handlung kurz bevorsteht.

Konjunktiv

Der Konjunktiv wird durch bestimmte Ausdrücke und Verben ausgelöst und meist durch **che** eingeleitet: **credo che ...** *(ich glaube, dass)*, **penso che ...** *(ich denke, dass)*, **spero che ...** *(ich hoffe, dass)*, **voglio che ...** (ich will, dass), **mi sembra che ...** *(mir scheint, dass)*, **è giusto che ...** *(es ist richtig, dass)*, **è importante che ...** (es ist wichtig, dass), **sebbene/nonostante/benché** *(obwohl)*, **a meno che** *(es sei denn, dass)* usw.

Kein Konjunktiv!

1.) Nach Ausdrücken wie z. B. **secondo me** *(meiner Meinung nach)* und **per me** *(für mich)*: **Secondo me lui ha la febbre.** *Meiner Meinung nach hat er Fieber.*

2.) Wenn das Subjekt in Hauptsatz und Nebensatz gleich ist: **Credo di avere la febbre.** *Ich glaube, ich habe Fieber.* Aber: **Credo che lui abbia la febbre.** *Ich glaube, er hat Fieber.*

3.) Nach: **forse** *(vielleicht)*, **probabilmente** *(wahrscheinlich)*, **dopo che** *(nachdem)*.

Alles verstanden? Sì, ho capito!

1 Bilden Sie den Plural!

1. la casa piccola ....
2. l'amica simpatica ....
3. il caffè caldo ....
4. il problema difficile ....
5. l'albero grande ....
6. la bici nuova ....

2 Vervollständigen Sie den Text mit folgenden Wörtern!

capitale | nel | dai | venti | sono | l' | con l'

1. .... Italia è una Repubblica parlamentare.

2. .... 1861 è stato proclamato il Regno d'Italia.

L'Italia confina **3.** .... Austria, la Slovenia, la Svizzera e la Francia.

È bagnata **4.** .... mari Tirreno, Ligure, Ionio, Adriatico e Mediterraneo.

Le due isole più grandi **5.** .... la Sicilia e la Sardegna.

È formata da **6.** .... regioni.

La **7.** .... dell'Italia è Roma.

3 *Passato prossimo*. Welches Hilfsverb brauchen Sie? Tragen Sie die Verben in die richtige Spalte ein!

parlare divertirsi camminare finire costare piacere

1. essere	**2.** avere	**3.** essere/avere

4 Konjugieren Sie die Verben im *passato prossimo* und antworten Sie auf die Fragen!

1. Ti .... piacere il film?

– Sì, ... molto.

2. Vi .... divertirsi – m. alla festa?

– Sì, ... un sacco.

3. .... prendere tu il mio telefonino?

– No, ... io.

4. Che cosa .... regalare – voi a Teresa?

– Le .... un cd.

5 Übersetzen Sie die Sätze!

1. Wie sagt man (das) auf Italienisch?

....

....

2. Diesen Sommer fahren wir mit dem Auto nach Italien.

....

....

3. Das Konzert von gestern Abend hat mir sehr gefallen.

....

....

4. Heute Nachmittag hat sich Cristina auf dem Sofa ausgeruht.

....

....

5. Ich erinnere mich. Im Urlaub fuhren wir immer ans Meer.

....

....

6. Während sie am Telefon sprach, hat die Katze die Vase kaputtgemacht.

....

....

3. Rechtschreibung und Aussprache

3.1 Rechtschreibung

Großschreibung

Anders als im Deutschen werden grundsätzlich alle Wörter und Substantive kleingeschrieben.

Großgeschrieben werden:

- Wörter am **Satzanfang** und nach Punkt, Ausrufe- und Fragezeichen.
- Wörter nach dem **Doppelpunkt**, aber nur wenn eine direkte Rede folgt.
- **Eigennamen** → Personen, Länder, Regionen, Städte, Berge, Seen, Flüsse usw.
- **Feiertage** → Natale *(Weihnachten)*, Pasqua *(Ostern)*, Capodanno *(Neujahr)* usw.
- **Amtsbezeichnungen ohne Eigennamen** → il Presidente *(der Präsident)*, il Ministro *(der Minister)* usw.
- Namen von **Institutionen** → lo Stato *(der Staat)* usw.
- **Jahrhunderte und Epochen** → il Cinquecento *(das sechzehnte Jahrhundert)*, il Medioevo *(das Mittelalter)* usw.
- **Höflichkeitsformen** → Gentile Signor Pigna, Le scrivo..., La ringrazio... usw.

- **Homonyme** (Wörter, welche gleich lauten, aber unterschiedliche Bedeutungen haben), um sie zu unterscheiden → Paese – paese *(Land – Dorf)*, Stato – stato *(Staat – Zustand)*, la Borsa – la borsa *(Börse – Tasche)* usw.
- **Bezeichnungen alter Völker** im Plural (wahlweise) → i Romani – i romani *(die Römer)*, i Greci – i greci *(die Griechen)* usw.
- **Akronyme** (aus den Anfangsbuchstaben mehrerer Wörter gebildetes Kurzwort) → O.N.U. oder Onu *(UNO)*, U.E. oder UE oder Ue *(EU)* usw.
- **Personifizierungen einer Sache** oder eines Konzepts → la Pace nel mondo *(der Weltfrieden)*, la Prima Guerra Mondiale *(der 1. Weltkrieg)* usw.

Akzentsetzung

Im Italienischen gibt es zwei Akzente:
1.) den **accento grave** (`), der häufiger vorkommt (**dà, là, lì, là, sì, è, già, giù, più, può, lunedì, martedì, mercoledì, giovedì, venerdì, città** usw.), und

2.) den **accento acuto** (´) – dieser zeigt, dass der Vokal geschlossen ausgesprochen wird (**né ... né, sé, perché, trentatré** usw.).

Der Akzent ist für alle Wörter obligatorisch, die auf der letzten Silbe betont werden, z. B. **perché, martedì.**

Italienisch ≠ Deutsch: ähnliche Wörter aber andere Rechtschreibung

calcolare	≠	*kalkulieren*
coltivare	≠	*kultivieren*
concorrenza	≠	*Konkurrenz*
consolato	≠	*Konsulat*
dicembre	≠	*Dezember*
disastro	≠	*Desaster*
emicrania	≠	*Migräne*
esperto	≠	*Experte*
famiglia	≠	*Familie*
nevrotico	≠	*neurotisch*
osceno	≠	*obszön*
padiglione	≠	*Pavillon*
ribelle	≠	*Rebell*
riforma	≠	*Reform*
sostanza	≠	*Substanz*
storico	≠	*historisch*

3.2 Aussprache

Diphthonge

Im Italienischen gibt es Wörter mit zwei Vokalen, die direkt aufeinanderfolgen: **au, eu, ie, ei, uo**. Der Klang jedes Vokals wird im Gegensatz zum Deutschen beibehalten und einzeln ausgesprochen. Es gibt auch Wörter, die drei aufeinanderfolgende Vokale haben, z. B. **quei, miei, continuiamo** usw.; dabei wird jeder Vokal einzeln ausgesprochen.

Vokale	Beispiele und Lautschrift
au [au]	auguri [au'gu:ri]
eu [eu]	Europa [eu'rɔ:pa]
ie [iɛ]	miele ['miɛle]
ei [ei]	sei [sɛ:i]
uo [uɔ]	uomo ['uɔ:mo]

Doppelkonsonanten

Im Italienischen werden lange Konsonanten meist als Doppelkonsonanten geschrieben. Sie werden länger und stärker ausgesprochen. Oft gibt es einen Bedeutungsunterschied zwischen Wörtern mit einfachen und Wörtern mit Doppelkonsonanten, wie z. B.:

alla ['alla]	≠ **ala** ['a:la]	Präposition *a + la*	≠ *Flügel*
cassa ['kassa]	≠ **casa** ['ka:sa]	*Kasse*	≠ *Haus*
ecco ['ɛkko]	≠ **eco** ['ɛko]	*hier (ist/sind)*	≠ *Echo*
fatto ['fatto]	≠ **fato** ['fa:to]	*gemacht*	≠ *Schicksal* (literarisch)
mette ['mette]	≠ **mete** ['mɛ:te]	*er/sie stellt/setzt/legt*	≠ *Ziele*
palla ['palla]	≠ **pala** ['pa:la]	*Ball*	≠ *Schaufel*

rossa ['rosso]	≠ **rosa** ['rɔ:za]	*rot*	≠ *rosa*
sette ['sɛtte]	≠ **sete** ['se:te]	*sieben*	≠ *Durst*
sonno ['sonno]	≠ **sono** ['so:no]	*Schlaf*	≠ *ich bin/sie sind*

Lerntipp

Versuchen Sie es doch einmal mit diesem italienischen Zungenbrecher:

Apelle, figlio di Apollo, fece una palla di pelle di pollo. Tutti i pesci vennero a galla per vedere la palla di pelle di pollo fatta da Apelle, figlio di Apollo.
Apelle, Sohn von Apollo, machte einen Ball aus Hühnerhaut. Alle Fische tauchten auf, um den Ball aus Hühnerhaut zu sehen, der von Apelle, Sohn von Apollo, gemacht wurde.

Tre tigri contro tre tigri. *Drei Tiger gegen drei Tiger.*

Homographe

Wenn zwei Wörter gleich geschrieben, aber anders ausgesprochen werden und zwei völlig verschiedene Bedeutungen haben, dann spricht man von Homographie = gleiche Schreibweise, unterschiedliche Bedeutung.
Um Missverständnisse zu vermeiden, wird jedoch manchmal ein Akzent gesetzt.

ancora [aŋ'ko:ra]	≠ **ancora** ['aŋko:ra]	*noch*	≠ *Anker*
capitano ['ka:pitano]	≠ **capitano** [kapi'ta:no]	*sie passieren*	≠ *Kapitän*
leggere ['lɛddʒere]	≠ **leggere** [led'dʒe:re]	*lesen*	≠ *leicht*
perdono ['pɛrdono]	≠ **perdono** [per'do:no]	*sie verlieren*	≠ *Verzeihung*
subito ['su:bito]	≠ **subìto** [su'bi:to]	*sofort*	≠ *erlitten*

Homophone

Es gibt Wörter, die unterschiedlich geschrieben, aber gleich oder ähnlich ausgesprochen werden. Hier sprechen wir von Homophonie = gleiche Phonetik. Oft unterscheiden Akzent, Apostroph oder der Buchstabe -h diese Wörter voneinander:

è [ɛ]	≠ **e** [e]	*ist*	≠ *und*
sì [si]	≠ **si** [si]	*ja*	≠ *man/sich*
ha [a]	≠ **a** [aː]	*er/sie hat*	≠ Präposition
ho [ɔ]	≠ **o** [oː]	*ich habe*	≠ *oder*
dà [da]	≠ **da** [daː]	*er/sie gibt, Sie geben*	≠ Präposition
sé [se]	≠ **se** [se]	*selbst*	≠ *ob/falls*
metà [meˈta]	≠ **meta** [ˈmɛːta]	*Hälfte*	≠ *Ziel*
papà [paˈpa]	≠ **papa** [ˈpaːpa]	*Papa*	≠ *Pabst*
però [peˈrɔ]	≠ **pero** [ˈpeːro]	*aber*	≠ *Birnbaum*
sole [ˈsoːle]	≠ **sole** [ˈsoːle]	*allein*	≠ *Sonne*

Italienisch ≠ Deutsch: ähnliche Wörter aber andere Betonung

accademia [akkaˈdɛːmia]	*Akademie*
apostrofo [aˈpɔstrofo]	*Apostroph*
catastrofe [kaˈtastrofe]	*Katastrophe*
copia [ˈkɔːpia]	*Kopie*
credito [ˈkreːdito]	*Kredit*
diagnosi [diˈaɲɲozi]	*Diagnose*
epoca [ˈɛːpoka]	*Epoche*
fabbrica [ˈfabbrika]	*Fabrik*
fenomeno [feˈnɔːmeno]	*Phänomen*

filosofo [fi'lɔːzofo]	*Philosoph*
fossile ['fɔssile]	*Fossil*
interprete [in'tɛrprete]	*Interpret*
metropoli [me'trɔːpoli]	*Metropole*
organo ['ɔrgano]	*Organ*
oroscopo [o'rɔskopo]	*Horoskop*
periodo [pe'riːodo]	*Periode*
prognosi ['prɔɲɲozi]	*Prognose*
repubblica [re'pubblika]	*Republik*
scandalo ['skandalo]	*Skandal*
sintesi ['sintezi]	*Synthese*
sintomo ['sintomo]	*Symptom*

Wussten Sie schon?

Der kleine Unterschied in der Aussprache ist wichtig: Wenn Sie in ein **casinò** *(Spielbank)* gehen, dann vergessen Sie nicht, das -o auch wirklich zu betonen, denn sonst gehen Sie in ein **casino** *(Bordell)*.

1 Wie werden die Wörter ausgesprochen? Setzen Sie sie in die richtige Spalte!

giardino casa cuoco gelato cinema cavolo
acqua cena acido agile genitori gara
giro amici amiche occhi fuoco maggio
felice ghiro *(Siebenschläfer)*

1. tsch [tʃ]	**2.** k [k]
3. dsch [dʒ]	**4.** g [g]

2 Setzen Sie die Wörter in die richtige Spalte!

	1. sch [ʃ]	**2.** sk [sk]
schema		
scema		
schiena		
scena		
pesce		
pesche		

3 Übersetzen Sie die Wörter!

1. Haar .... Hut ....
2. und .... ist ....
3. Durst .... sieben ....
4. Kasse .... Haus ....
5. habe .... oder ....
6. ja .... sich ....

Wussten Sie schon?

Im Italienischen zeigt das Komma (**la virgola**) hauptsächlich eine Sprechpause an.
Im Gegensatz zum Deutschen wird es meistens nicht gesetzt:
1.) vor Konjunktionen wie **che** *(dass)*, **perché** *(weil)*, **se** *(ob)* und
2.) bei einfachen Relativsätzen.

Typische Fehlerquellen in Rechtschreibung und Aussprache – kurz und knapp

Rechtschreibung

Großschreibung

Im Italienischen werden grundsätzlich alle Wörter und Substantive kleingeschrieben. Großgeschrieben werden z. B.:

1.) Höflichkeitsformen;

2.) Homonyme, um sie zu unterscheiden;

3.) Personifizierungen einer Sache oder eines Konzepts.

Akzent

Im Italienischen gibt es zwei Akzente

1.) den **accento grave** (`), der häufiger vorkommt, z. B.: **dà, sì**, und

2.) den **accento acuto** (´) – dieser zeigt, dass der Vokal geschlossen ausgesprochen wird, wie z. B.: **sé, perché**. Der Akzent ist in der Schriftsprache zwingend für alle Wörter, die auf der letzten Silbe betont werden.

Aussprache

Diphthonge

Im Italienischen gibt es Wörter mit zwei aufeinanderfolgenden Vokalen (**au, ie, ei, eu, uo**). Der Klang jedes Vokals wird im Gegensatz zum Deutschen beibehalten und einzeln ausgesprochen, wie z. B.: **euro**.

Doppelkonsonanten

Im Italienischen werden lange Konsonanten meist als Doppelkonsonanten geschrieben. Sie werden länger und stärker ausgesprochen. Oft gibt es einen Bedeutungsunterschied zwischen Wörtern mit einfachen und Wörtern mit Doppelkonsonanten, wie z. B.: **casa ≠ cassa** *(Haus – Kasse)*.

Homographe

Wenn zwei Wörter gleich geschrieben, aber anders ausgesprochen werden und zwei völlig verschiedene Bedeutungen haben, dann spricht man von Homographie = gleiche Schreibweise, unterschiedliche Bedeutung, wie z. B.: **leggere ≠ leggere** *(lesen – leicht)*.

Homophone

Achtung! Es gibt Wörter, die unterschiedlich geschrieben, aber gleich oder ähnlich ausgesprochen werden, wie z. B.: **ho ≠ o** *(ich habe – oder)*.

Italienisch ≠ Deutsch

Es gibt im Italienischen und im Deutschen ähnliche Wörter, die aber anders betont werden, wie z. B. **epoca** – *Epoche*, oder unterschiedlich geschrieben werden, wie z. B. **dicembre** – *Dezember*.

Haben Sie verstanden? Sì, ho capito!

1 Wie werden die Wörter richtig ausgesprochen? Kreuzen Sie an!

	1. tsch [tʃ]	**2.** k [k]	**3.** dsch [dʒ]	**4.** g [g]	**5.** sch [ʃ]	**6.** sk [sk]	**7.** v [v]	**8.** f [f]
cinema								
chi								
aghi								
ago								
agile								
sci								
orchidea								
va								
fa								
sciolto								
scherzo								
Lamborghini								
gnocchi								
zucchina								

2 Welches Wort passt in die Lücken? Kreuzen Sie an!

1. Preferisci sederti dentro .... fuori?

a ❑ o

b ❑ ho

2. Mangio solo la .... della pizza.

a ❑ meta

b ❑ metà

3. Ho ...., vado a letto.

a ❑ sono

b ❑ sonno

4. Vado a pagare alla ....

a ❑ casa

b ❑ cassa

4. Anhang

4.1 Abschlusstest

1 Übersetzen Sie die Wörter und schreiben Sie sie dann im Plural auf!

1. 100 Gramm	un	due ....
2. 1 Liter	....	....
3. 1 Kilo	....	....
4. 1000	....	....
5. 1 Stunde	....	....
6. 1 Minute	....	....

2 Antworten Sie auf die Fragen und schreiben Sie das Datum in Wörtern!

1. Quando si festeggia il Natale?

....

2. Quando si festeggia la Festa del Lavoro?

....

3. Quando si festeggia l'ultimo dell'anno?

....

4. In Italia, quando si festeggia la Festa della Repubblica?

....

3 Was gehört zusammen? Verbinden Sie die Glückwünsche!

1. Frohe Ostern!
2. Frohe Weihnachten!
3. Gute Reise!
4. Schönen Urlaub!
5. Hals- und Beinbruch!
6. Alles Gute zum Geburtstag!

a) Buon viaggio!
b) In bocca al lupo!
c) Buona Pasqua!
d) Auguri! Buon compleanno!
e) Buon Natale!
f) Buone vacanze!

4 Übersetzen Sie die Sätze!

1. Sie ist eine Freundin von Giorgio.

....

2. Giorgio ist der neue Freund von Elisa.

....

3. Giorgio kann gut Englisch sprechen.

....

4. Elisa spielt seit anderthalb Jahren Klavier.

....

5 Kreuzen Sie jeweils die richtige Antwort an!

1. "Buongiorno .... Pigna!"

- **a** ❑ il signore
- **b** ❑ il signor
- **c** ❑ signor

2. Come sta, ... Fiore?

- **a** ❑ la signora
- **b** ❑ la signor
- **c** ❑ signora

3. Di che colore hai .... ?

- **a** ❑ occhi
- **b** ❑ gli occhi
- **c** ❑ occhio

4. Adesso sono ....

- **a** ❑ le otto e un mezzo
- **b** ❑ l'otto e mezzo
- **c** ❑ le otto e mezzo

6 Schreiben Sie die Wörter im Plural auf (mit Artikel)!

1. l'università moderna ....

2. il bar tipico ....

3. la mano sporca ....

4. la camicia pulita ....

5. la macchina blu ....

6. il giornale italiano ....

7 Kreuzen Sie die richtige Antwort an!

1. A Natale abbiamo mangiato ....
   - **a** ❑ troppo molto
   - **b** ❑ troppo

2. Abbiamo comprato .... panini.
   - **a** ❑ troppi
   - **b** ❑ troppo

3. Il tuo cappello è .... molto bello.
   - **a** ❑ veramente
   - **b** ❑ vero

4. È sempre .... e disponibile.
   - **a** ❑ gentile
   - **b** ❑ gentilmente

8 Fügen Sie die passenden Präpositionen ein – ggf. mit Artikel!

Bologna è il capoluogo **1.** .... Emilia Romagna. Bologna è una città medioevale e si può girare **2.** .... piedi. L'Università di Bologna è la più antica **3.** .... mondo occidentale. **4.** .... Bologna ci sono tante cose **5.** .... vedere, per esempio si può salire **6.** .... Torre degli Asinelli, fare una passeggiata **7.** .... via Zamboni, visitare la Basilica **8.** .... San Petronio e la Basilica **9.** .... Santo Stefano o fare una breve gita **10.** .... colli. Bologna inoltre è famosa **11.** .... sua cucina. **12.** .... ristoranti e **13.** .... trattorie si mangia benissimo. La specialità è la pasta fatta a mano e il ragù **14.** .... bolognese.

9 Wie spricht man diese Wörter aus? Setzen Sie sie in die richtige Spalte!

agenzia fuoco arancia asciugamano legumi scatola
genere fico pesce pesche scuola funghi

1. c wie **ciao**	**2.** c wie **casa**	**3.** g wie **giorno**
....	....	....
....	....	....
....	....	....

4. g wie **gatto**	**5.** sc wie **scala**	**6.** sc wie **sci**
....	....	....
....	....	....
....	....	....

4.2 Lösungen

1. Wortschatz

Übung 1: **1.** Dov'è la mia patente? **2.** Abbiamo mangiato in/nella mensa. **3.** Oggi fa molto freddo. **4.** La ditta è abbastanza grande.

Übung 2: **1.** trasporta **2.** prodotto **3.** disorganizzato **4.** rispetto

Übung 3: **1.** puliamo **2.** spende **3.** siamo **4.** donano

Übung 4: **1.** alto **2.** magro **3.** brutto **4.** leggero

Übung 5: **1.** suoni **2.** Il ragazzo **3.** sa **4.** giocare

Übung 6: **1.** (Lui) sa suonare bene il pianoforte. **2.** Mentre (io) cucino, (lui) fa i compiti per casa. **3.** Che cosa mi metto oggi?/Come mi vesto oggi? **4.** Durante la partita (di calcio) i tifosi hanno cantato.

Übung 7: si veste, si mette, Sa, Se

Übung 8: **1.** d **2.** a **3.** b **4.** f **5.** c **6.** e **7.** g

Zwischentest Wortschatz

Übung 1: Caro Andrea, come stai? Sono a Bologna da due settimane. Il tempo è bello e qui fa molto caldo. Oggi ho comprato un costume da bagno e domani andiamo al mare. Qui a Bologna frequento un corso per imparare l'italiano. La lingua è facile e l'insegnante è brava e gentile. Ho tanti nuovi amici e la prossima settimana visiteremo insieme il museo (di) Morandi. Fra cinque minuti inizia la lezione. Adesso devo andare, altrimenti arrivo in ritardo. Quando vieni a trovarmi?
Un abbraccio e a prestissimo, Elisabetta

2. Grammatik

Übung 1: **1.** l'/un **2.** la/una **3.** il/un **4.** lo/uno **5.** il/un **6.** l'/un'

Übung 2: **1.** dei **2.** degli **3.** delle **4.** del

Übung 3: **1.** gli **2.** le **3.** i **4.** gli **5.** i **6.** le

Übung 4: **1.** una **2.** Il **3.** delle **4.** un **5.** il

Übung 5: **1.** gli amici **2.** la mano **3.** la/le bici **4.** il/i bar **5.** l'ora

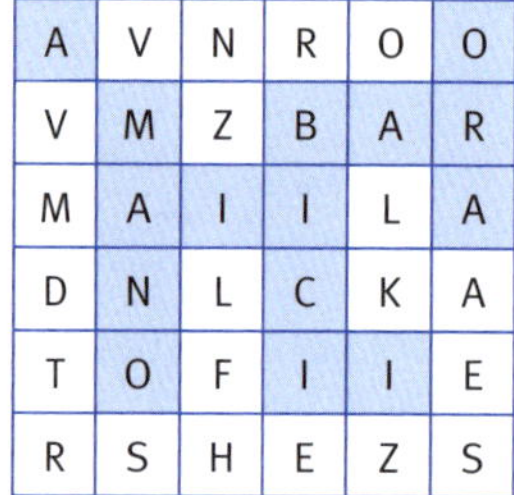

A	V	N	R	O	O
V	M	Z	B	A	R
M	A	I	I	L	A
D	N	L	C	K	A
T	O	F	I	I	E
R	S	H	E	Z	S

Übung 6: **1.** la/le città **2.** il/i cinema **3.** l'amica/le amiche **4.** la camicia/le camicie

Übung 7:

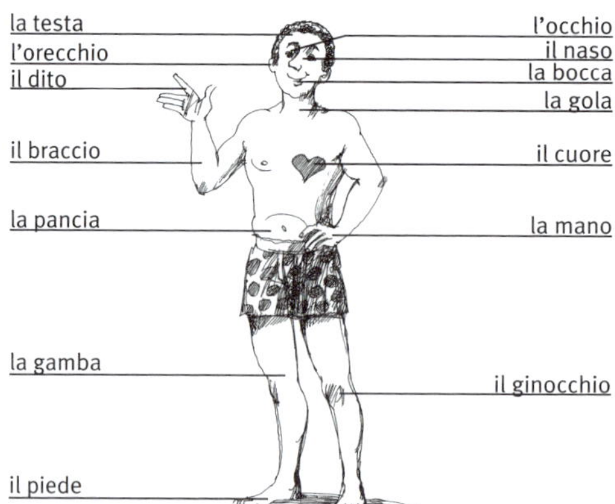

Übung 8: **1.** Ho mangiato molto bene. **2.** Adesso beviamo un buon caffè. **3.** Hanno giocato male, per questo hanno perso la partita. **4.** Questo minestrone è cattivo. È troppo salato.

Übung 9: **1.** b Carla ist glücklich verheiratet. **2.** b Ihr Ehemann spricht perfekt Italienisch. **3.** b Das Kind spielt ruhig im Garten. **4.** a Diese Übung ist sehr leicht.

Übung 10: **1.** italiana **2.** tedesca **3.** molto **4.** molti **5.** molto bene/benissimo

Übung 11: **1.** un film francese **2.** un cappotto rosso **3.** un vecchio amico **4.** amici vecchi **5.** cuscini rotondi

Übung 12: **1.** antipatico **2.** insicuro **3.** maleducato **4.** noioso **5.** vuoto **6.** pessimista

Übung 13: **1.** cintura di pelle **2.** scarpe da ginnastica **3.** al cinema **4.** in/con la macchina **5.** all'isola

Übung 14: **1.** di, di/d', di **2.** da, da **3.** a **4.** tra/fra, in

Übung 15: **1.** all'/in **2.** in **3.** all' **4.** a **5.** in

Übung 16: **1.** mi sveglio **2.** mi alzo **3.** vado **4.** faccio/mi faccio la doccia **5.** mi asciugo **6.** mi vesto **7.** bevo **8.** mi lavo **9.** mi pettino **10.** mi metto

Übung 17: (Lui/Lei) di solito **si sveglia** alle sette e un quarto, poi si **alza** e **va** in bagno. **Fa/Si fa** la doccia, **si asciuga** e **si veste**. Poi va in cucina e **beve** un caffè veloce. Prima di uscire **si lava** i denti e **si pettina**. Poi **si mette** il cappotto ed **esce** di casa per andare al lavoro.

Übung 18: **1.** Lui sa nuotare bene. **2.** Il signor Müller ha mal di gola. Oggi purtroppo non può cantare. **3.** Elisa ha dieci mesi e sa già camminare. **4.** Ho un piede rotto/fratturato e non posso camminare.

Übung 19: **1.** Non ho incontrato nessuno. *Ich habe niemand getroffen.*
2. Lei non ha mangiato niente. *Sie hat nichts gegessen.*
3. Lui non è ancora arrivato. *Er ist noch nicht angekommen.*
4. Non gli piace né la carne né il pesce. *Er mag weder Fleisch noch Fisch.*
5. Non piove più. *Es regnet nicht mehr.*
6. Non sei mica obbligato. *Du bist doch nicht verpflichtet.*

Übung 20: **1.** i miei genitori **2.** mia nipote **3.** i miei nipoti **4.** mio cognato **5.** mia cugina **6.** mia suocera

Übung 21: **1.** la mia **2.** la tua **3.** sua **4.** la loro **5.** il tuo **6.** il suo **7.** il nostro **8.** le Sue **9.** i suoi **10.** i vostri **11.** i loro

Übung 22: **1.** lo **2.** li **3.** lo **4.** gli **5.**Le **6.** Li

Übung 23: **1.** me lo **2.** te li **3.** Glielo **4.** ve lo

Übung 24: **1.** a **2.** a **3.** b **4.** b **5.** b **6.** a

Übung 25: **1.** L'ho chiamato/Gli ho telefonato stamattina/questa mattina.
2. Gli puoi chiedere/domandare quanto costa il biglietto?
3. Oggi pomeriggio la/l'aiuto. **4.** Non lo hanno licenziato.
5. La ringrazio. **6.** Il cane l'ha seguita fino a casa.

Übung 26: 1. spendere – speso **2.** fare – fatto **3.** vincere – vinto **4.** ridere – riso **5.** venire – venuto **6.** dire – detto **7.** rompere – rotto

P	R	F	V	R	V
L	S	A	I	I	E
A	P	T	N	S	N
D	E	T	T	O	U
T	S	O	O	L	T
R	O	T	T	O	O

Übung 27: 1. si è alzata **2.** si è fatta la doccia **3.** si è asciugata **4.** si è vestita **5.** ha bevuto **6.** si è messa **7.** è uscita

Übung 28: 1. sono potuti 2. siete voluti **3.** abbiamo dovuto **4.** ha voluto **5.** ha dovuto

Übung 29: 1. è **2.** è **3.** Ho **4.** è **5.** ha **6.** è

Übung 30: 1. a **2.** b **3.** a **4.** b

Übung 31: 1. Mentre faceva colazione, ascoltava sempre la radio.
2. Mentre nuotavamo, abbiamo visto un pesce.
3. Quando ha lanciato/tirato la palla, è arrivato il cane.
4. Mentre dormivano, abbiamo fatto una torta/un dolce.
5. Non sapevo che (tu) parlassi l'italiano così bene.
6. Non conosceva questo metodo.

Übung 32: 1. Sto chiudendo la finestra. **2.** Sto per chiudere la finestra. **3.** Sto leggendo il giornale. **4.** Stiamo ballando. **5.** (Lui) Sta facendo i compiti.

Übung 33: **1.** sia **2.** siano **3.** abbiamo **4.** abbiano **5.** dica **6.** diciate **7.** facciano

Übung 34: **1.** b **2.** b **3.** c **4.** b **5.** a **6.** B

Zwischentest Grammatik

Übung 1: **1.** le case piccole **2.** le amiche simpatiche **3.** i caffè caldi **4.** i problemi difficili **5.** gli alberi grandi **6.** le bici nuove

Übung 2: **1.** L' **2.** Nel **3.** con l' **4.** dai **5.** sono **6.** venti **7.** capitale

Übung 3: **1.** divertirsi, costare, piacere **2.** parlare, camminare **3.** finire

Übung 4: **1.** è piaciuto – mi è piaciuto **2.** siete divertiti – ci siamo divertiti **3.** Hai preso – non l'ho preso **4.** avete regalato – abbiamo regalato

Übung 5: **1.** Come si dice in italiano? **2.** Quest'estate andiamo in Italia in macchina. **3.** Il concerto di ieri sera mi è piaciuto molto. **4.** Oggi pomeriggio Cristina si è riposata sul divano. **5.** Mi ricordo. In estate andavamo sempre al mare. **6.** Mentre (lei) parlava al telefono, il gatto ha rotto il vaso.

3. Aussprache und Rechtschreibung

Übung 1: **1.** cinema, cena, acido, amici, felice **2.** casa, cuoco, cavolo, acqua, amiche, occhi, fuoco **3.** giardino, gelato, agile, genitori, giro, maggio **4.** gara, ghiro

Übung 2: **1.** scema, scena, pesce **2.** schema, bruschetta, pesche

Übung 3: **1.** capello, cappello **2.** e, è **3.** sete, sette **4.** cassa, casa **5.** ho, o **6.** sì, si

Zwischentest Rechtschreibung und Aussprache

Übung 1: **1.** cinema **2.** chi, orchidea, gnocchi, zucchina **3.** agile **4.** aghi, ago, Lamborghini **5.** sci, sciolto **6.** scherzo **7.** va **8.** fa

Übung 2: **1.** a **2.** b **3.** b **4.** b

4. Abschlusstest

Übung 1: **1.** un etto, due etti **2.** un litro, due litri **3.** un chilo, due chili **4.** mille, duemila **5.** un'ora, due ore **6.** un minuto, due minuti

Übung 2: **1.** Il venticinque dicembre. **2.** Il primo maggio. **3.** Il trentuno dicembre. **4.** Il due giugno.

Übung 3: **1.** c **2.** e **3.** a **4.** f **5.** b **6.** d

Übung 4: **1.** Lei è un'amica di Giorgio. **2.** Giorgio è il nuovo ragazzo di Elisa. **3.** Giorgio sa parlare bene l'inglese. **4.** Elisa suona il pianoforte da un anno e mezzo.

Übung 5: **1.** c **2.** a **3.** b **4.** c

Übung 6: **1.** le università moderne **2.** i bar tipici **3.** le mani sporche **4.** le camicie pulite **5.** le macchine blu **6.** i giornali italiani

Übung 7: **1.** b **2.** a **3.** a **4.** a

Übung 8: **1.** dell' **2.** a **3.** del **4.** A **5.** da **6.** sulla **7.** in/per **8.** di **9.** di **10.** sui **11.** per la **12.** Nei **13.** nelle **14.** alla

Übung 9: **1.** arancia **2.** fuoco, fico **3.** agenzia, genere, **4.** asciugamano, legumi, funghi **5.** scatola, pesche, scuola **6.** asciugamano, pesce

4.3 Register

FINALE!

Italienisch lernen für geübte Anfänger

ISBN 978-3-8174-9667-9

Landeskunde Italien

20 Kapitel in der Landessprache vermitteln Wissenswertes zu Geografie, Geschichte, Kunst und Kultur Italiens

Mit zahlreichen Übungen zu Wortschatz und Grammatik die Sprachkenntnisse vertiefen

Für Anfänger und Fortgeschrittene

QR-Code scannen und landestypische Rezepte auf dem Smartphone speichern

Gemeinsamer Europäischer Referenzrahmen A2–B1

ISBN 978-3-8174-1767-4

Übung macht den Meister!

Das ideale Übungsbuch für geübte Anfänger und Fortgeschrittene

Rund 200 thematisch sortierte Übungen zu Wortschatz und Grammatik

Mit Infokästen zu sprachlichen und landeskundlichen Besonderheiten sowie Glossar und Lösungen im Anhang

Extra: spannende Krimilektüre für geübte Anfänger